종이접기처럼
살고 싶어서

종이접기처럼
살고 싶어서

초판 1쇄 인쇄 _ 2022년 4월 5일
초판 1쇄 발행 _ 2022년 4월 10일

지은이 _ 안송이

펴낸곳 _ 바이북스
펴낸이 _ 윤옥초
책임 편집 _ 김태윤
책임 디자인 _ 이민영

ISBN _ 979-11-5877-291-8 03810

등록 _ 2005. 7. 12 | 제313-2005-000148호

서울시 영등포구 선유로49길 23 아이에스비즈타워2차 1005호
편집 02)333-0812 | **마케팅** 02)333-9918 | **팩스** 02)333-9960
이메일 bybooks85@gmail.com
블로그 https://blog.naver.com/bybooks85

책값은 뒤표지에 있습니다.
책으로 아름다운 세상을 만듭니다. — 바이북스

미래를 함께 꿈꿀 작가님의 참신한 아이디어나 원고를 기다립니다.
이메일로 접수한 원고는 검토 후 연락드리겠습니다.

내 인생 내 맘대로 접고 펴고 오리고 붙이고

종이접기처럼 살고 싶어서

안송이 지음

들어가며

어느 종이접기
수공예 작가의 은밀한 고백

나는 똥손이었다. 중·고등학교 때 미술이라면 이론이든 실기든 좋은 점수를 받은 적이 없다. 그림도 잘 못 그렸지만 만들기는 더 최악이었다. 예를 들어 찰흙 빚기로 도자기 같은 걸 만들면 다 말랐을 때 옆면과 바닥이 뚝 떨어졌다. 본드로 겨우 다시 붙여놔도 물감을 칠하는 순간 깨닫는다. 아, 망했구나. 우리 똥손들은 특징이 하나 있는데 그것은 손을 대면 댈수록 이상해진다는 점이다. 웬만큼 마무리가 된 상태에서 '뭘 좀 더 해볼까?' 하며 야심 차게 덧대는 순간, 완성품은 점점 미완의 길로 빠져든다. 차라리 대충하고 끝내는 게 최선이다.

천지개벽할 일이 일어났다. 40년 이상을 똥손으로 살았던 내가 요즘 금손 소리를 듣고 사는 게 아닌가? 사람들은 나보고 능력자라고, 어쩜 손재주가 이리 좋으냐며 엄지를 치켜든다. 세상 참 오래 살고 볼 일이라는 말은 이럴 때 쓰라고 만들어진 게 틀림없다.

이 신비로운 현상은 종이접기를 하면서부터 시작되었다. 정글 같은 무시무시한 현실을 피하려다 우연히 시작한 일이었던 탓에 그런 말을 들을 때면 어떤 표정을 지어야 할지 난감하다. "저 원래 똥손이었는데요, 하하 이제 금손 됐네요"라고 해도 어쩐지 겸손의 말처럼 들리는 것 같다. 겸손한 사람은 더더욱 아닌데. 아무렴 어떠리. 모든 금손이 태어날 때부터 금손은 아니었겠지?

종이접기 수공예 작가. 이것이 바로 나의 일이다. 개, 고양이, 여우 등의 동물도 접고 딱지, 한복, 복주머니 같이 한국적인 것도 접는다. 가장 많이 접은 것은 신랑과 신부의 예복이다. 고객들이 보내오는 결혼식 사진을 보고 양복과 드레스를 비슷하게 접은 뒤 액자에 넣어 전 세계인들에게 판다. 얼핏 세어보니 지금까지 25개국 사람들에게 950여 점 이상의 작품을 보냈다.

결혼 후 첫 딸을 낳은 뒤 남편 따라 한국에서 미국으로, 5년 뒤 미국에서 영국으로 삶의 터전을 옮겼다. 일상의 무대는 세계를 향해 뻗어나갔건만 내 사회생활의 무대는 막을 내려야 했다. 그러는 사이 둘째 아이도 태어났다. 세월은 쏜살같이 흘러 두 아이 모두 엄마 손이 덜 가는 시기가 왔다. 이제는 진짜 나를 위한 삶을 살아보고 싶었다. 관객이 별로 없는 무대라 할지라도 출연자가 되어 오르고 싶다는 욕망이, 냄비에 찌개 끓듯 보글보글 넘쳐흘렀다.

바로 그때 종이접기라는 스몰 비즈니스가 내 앞에 나타났다. 어린이 전유물인 줄로만 알았던 그것으로 밥벌이를 하게 될 줄이야. 종이를 접고 온라인 숍을 열고 고객들의 피드백을 받아가며 한 발 한 발 내디뎠다. 사실 가까이서 보면 '찌질함의 역사'라 칭해도 좋을 만큼 시행착오의 연속이기는 했지만 어쨌든 멈추진 않았다.

그러다 보니 지난 3년의 시간에는 종이와 함께 한 순간들이 촘촘히 박혔다. 작은 종이와 큰 종이, 얇은 종이와 두꺼운 종이, 단면 종이와 양면 종이, 새 종이와 헌 종이 - 다양한 종이를 접고, 펴고, 오리고, 붙였다. 자주 웃었는데 종종 지쳤다. 자주 깨달았고 종종 흥분하며 날뛰었다. 각각의 경험들은 섞이고 섞여 지금은 종이접기와 애증의 관계를 맺은 상태다. 애와 증의 비율은 한 8:2 정도? 그래도 사랑하는 마음이 훨씬 크기에 색종이는 물론이고 A4 용지만 봐도 일단 접고 싶다. 아날로그 감성 듬뿍 담긴 종이의 매력에 퐁당 빠졌다.

  종이접기를 하듯 살았으면 좋겠다. 누구도 대신 살아주지 않는 소중한 나의 삶 내 뜻대로 접으며 혹시 마음에 안 들면 활짝 폈다가 다시 접으면서 살고 싶다. 이왕이면 어린아이의 마음을 닮았으면 좋겠다는 바람을 품는다. 종이접기를 대하는 어린이들의 눈동자는 대개 반짝반짝 빛나곤 하니까. 나도 그런 마음을 갖고 싶다. 하늘 높이 날 수 있을까 설렘 가득 종이비행기를 접는 마음, 물에 언제까지 떠 있는지 알고 싶어 종이배를 접는 호기심 꽉 찬 마음을 가질 수 있다면 100점 만점에 100점일 텐데. 아직은 80점과 90점대를 왔다 갔다 하는 것 같다.

이제부터 내가 살고 있는 종이접기 세상을 여러분에게도 안내하려고 한다. 똥손 출신 대한민국 40대 주부가 어쩌다 영국 스코틀랜드에서 종이접기의 세계로 들어가게 되었는지부터 시작한다. 각국의 세계인들을 만나며 배운 그들의 삶, 문화 이야기도 들어 있다. 종이를 접으며 그 속에서 배운 가치와 나다움을 어떻게 실천하려 노력하고 있는지도 나눌 것이다.

부족한 글이지만 이걸 읽은 이들이 자기만의 방식으로 인생을 잘 접었다 폈다 할 수 있는 데 도움이 되었으면 좋겠다는, 참으로 크나큰 꿈을 예쁘게 접어 하늘로 날리며 시작한다.

| 차 례 |

들어가며 어느 종이접기 수공예 작가의 은밀한 고백 ◆ 004

 1부

대한민국 주부
종이접기 세계로 들어가다

양잿물 대신 대학물, 대학물 대신 핸드메이드 ◆ 021

"가장 한국적인 것이 가장 세계적인 것"이라는 말의 속사정 ◆ 028

종이접기 숍 오픈! 방문자 수 제로, 실화입니까? ◆ 034

스코틀랜드에서 킬트 접는 한국 여자가 되다 ◆ 037

시어머니가 주는 결혼 선물은 어떤 기분일까? ◆ 042

어른의 창의력을 깨우는 시간 ◆ 048

완벽주의의 재발견 ◆ 055

2부

종이접기로 만난
그들의 이야기

입양 딸에게 자부심을 선물한 제이미 ◆ 065

여우비가 내리던 날 마크는 말했지 ◆ 071

나타샤 할머니의 조언 "꼭 재미있게 살아라" ◆ 078

스포츠에 열광하는 그들을 위한 종이접기 ◆ 083

한국전 참전용사에게 한복이 배달되었습니다 ◆ 089

디테일 살려주는 나의 마법 지팡이 ◆ 093

한 장짜리 매뉴얼의 승리 ◆ 100

사람들은 왜 결혼식 옷에 의미를 둘까? ◆ 106

 3부

종이를 접다가
나답게 사는 법을 배우다

나답지 않게 그리고 나답게 ◆ 115

행복의 유통기한 ◆ 122

저마다의 무늬, 그들이 만들어내는 최상의 조화 ◆ 126

선택과 집중의 다른 이름 ◆ 133

공감 능력 뛰어나면 진짜 피곤해 ◆ 138

인정받기 위해 가장 먼저 할 일은? ◆ 144

실수해도 괜찮기는 개뿔 ◆ 149

왜 사냐 건 웃지요 하하 하하하 ◆ 157

 4부

계속 접어보겠습니다

안 대리는 커서 안 작가가 되었습니다 ◆ 171
부숴라 컴퍼니 vs 접어라 컴퍼니 ◆ 175
다람쥐 쳇바퀴, 있어줘서 고마워 ◆ 181
돈, 종이접기, 반쪽이의 상관관계 ◆ 187
사랑스런 나의 협력 업자들 ◆ 193
디지털 멘토에게 종이접기를 선물하다 ◆ 198
낮게 낮게 날아라 우리 비행기 ◆ 204
종이로 세상을 널리 이롭게 하리 ◆ 209

나오며   내 인생 내 맘대로 살아 보겠습니다 ◆ 214
추천사   ◆ 216

1부

대한민국 주부 종이접기 세계로 들어가다

종이접기는 납작한 종이에 숨결을 불어넣어 실체를 만드는 일

양잿물 대신 대학물, 대학물 대신 핸드메이드

 종이접기 사업을 본격적으로 하기 전, 영국에 온 지 4년 차가 되었을 때였다. 뜬금없이 남편에게 선언했다. 이 나라에서 또 한 번 영양사가 되어 보겠노라고. 브라보! 망각의 동물, 그대 이름은 인간이여!

 20년 전 나는 여의도 증권회사 사원식당의 영양사였다. 적성에 안 맞는다고 1년 반 만에 때려치웠던 기억은 까맣게 잊은 채 영국 땅에서 그 직업을 다시 입 밖으로 내뱉다니. 대박 결심이었다. 사실은 절박함의 다른 표현이기도 했다. 어떻게 해서라도 이 사회에 내 자리 하나 마련하고 싶다는 마음이 컸기에 힘들었던 과거의 일부를 꾹꾹 눌러 유리병 속에 담아 뚜

껍을 닫아버린 것이다.

영국의 영양사는 모두 병원에서 임상영양사로 일한다. 그러려면 한국에서 딴 면허증이 있다고 해도 다시 대학에 들어가 4년을 공부해야 한다. 그런데 이 나라에서는 학비가 무료! 공짜라면 양잿물도 마신다는데, 공짜로 대학물 좀 먹겠다는 건 남는 장사가 아닐까? 이런 계산이 서자 하루라도 머리 회전이 빠를 때 공부를 해야겠다는 기특한 생각이 뒤따랐다.

바로 실행에 들어갔다. 영어 시험인 아이엘츠(IELTS) 문제집을 5권 샀다. 하얀 가운 입고 병원에서 의사, 간호사와 프리토킹하며 환자 식단을 짜는 내 모습을 상상했다. '후훗, 멋진 걸?' 살포시 웃음을 흘리는 날이 늘었다. 폼에 살고 폼에 죽는 인간. 그렇다. 나였다. 입학을 위해 7.0이라는 높은 점수가 필요했지만 당시에는 왠지 할 수 있을 것 같은 자신감이 가득 차올랐다. 드디어 인생의 새로운 신화를 써 내려가는구나 생각하니 덩실덩실 어깨춤이 저절로 춰질 판이었다.

그동안 돈 한 번 벌어보겠다고 마음에 둔 직업이 얼마나 많았던가. 김밥 장사, 컵밥 장사, 구매대행, 아마존이나 이베이 판매, 여행 가이드, 한국어 강사. 시도를 해 본 것도 있었지만 머릿속에서 생각만으로 그친 것들이 대부분이었다. 그것들에 비하니 병원 영양사는 손에 잡히는 꿈처럼 보였다. 20년 전이긴 했어도 하던 가닥이 있는데 까짓것 못할까 싶었던 것이다.
"아이 리브 인 어 스몰 타운 넥스 투 더 빅 시티……" 핸드폰으로 스피킹 파트를 녹음해 가며 공부에 열을 올렸다.

그러던 어느 날이다.
"있지, 영국 사람들 속에서 영어로 일하는 게 쉽지만은 않을 수 있어. 일자리 잡는 것도 생각보다 힘들걸?"
남편과 술 한 잔 하며 하루를 마감할 때 그가 조심스럽게 말을 건넸다. 참 이상한 일이었다. 공부도 열심히 했고 꼭 합격하겠다고 다짐도 여러 번 했는데 남편의 말을 들은 나는 마치 기다렸다는 듯이 고개를 위아래로 힘차게 끄덕거렸다. "그렇겠지? 어렵겠지? 내 영어가 완벽한 것도 아니고. 맞아, 그럴 거야."
뭘 되묻지도 않았다. 공부하는 아내의 사기를 꺾어도 유분

수지, 당신이 어쩜 그렇게 말할 수 있느냐, 내 편이냐 남의 편이냐, 서러워서 못 살겠다 따위의 푸념도 없이 바로 맞장구를 치며 동의를 해버렸다. 그의 조언에는 그동안 영국에서 직장 생활을 하며 겪은 경험이 묻어나 있었다. 그래서 깊게 와닿긴 했다. 하지만 숨은 진실은 따로 있었다.

  나는 이미 알고 있었던 거다. 영양사가 진짜 꿈이 아니라는 것을. 선택지가 별로 없는 답안지에서 어쩔 수 없이 고른 답이었다. 절박함은 이 나라에서 나만의 자리를 갖고 싶다는 열망이었지 영양사가 되겠다는 마음에 들어있는 건 아니었다. 진심이 이런데도 불구하고 '할 수 있다'는 신념이 내 것인 척 하느라 억지로 애를 쓰던 찰나였다. 그때 그가 톡 건드린 것이다. 뿌리가 약한 목표는 언제든 흔들릴 준비가 되어 있었다. '후~' 하고 깃털이나 겨우 날릴 만한 바람에도 '와장창' 무너질 준비가.

  "그래, 관두자, 관둬. 영양사는 무슨. 그럼 나 이제 뭐하냐고."

"센터에서 배운 거 있잖아. 핸드메이드인가 뭔가."

남편이 말하는 센터는 내가 자원봉사활동을 했던 동네 정신건강센터를 뜻했다. 당시 나는 1년 넘게 그곳에서 운영하는 수공예 센터에서 매니저를 돕고 있었다. 수업의 진행을 보조하는 역할이었지만 그 덕분에 액세서리 만들기나 카드 만들기, 마크라메 매듭, 모자이크 아트 등을 배울 수 있었는데. 잠깐, 뭐라고?

"참나, 내가 그걸 얼마나 배웠다고 그래."

"어때, 연습하면 되지. 영양사보다 나을 것 같은데? 여기 한번 봐봐."

그의 손에 이끌려 미국에 본사를 둔 어느 핸드메이드 판매 사이트에 들어갔다. 순간 두 눈이 휘둥그레졌다. 지금껏 보지 못한 신세계가 펼쳐졌기 때문이다. 여기는 뭔데 이렇게 예쁜 걸 많이 팔지? 가격도 비싸네. 진짜 이걸 손으로 만들었다고? 나도 모르게 클릭, 클릭. 그러다 보니 두어 시간이 훌쩍 가버렸다. 정신을 차리고 빠져나오면서 내 입에서는 이 두 마디가 튀어나왔다.

"우와, 씨."

우와는 감탄의 뜻이고, 씨는 내가 어떻게 여기서 뭘 팔겠냐는 허망함의 표현이었다. 할 줄 아는 게 없었다. 그나마 남들보다 잘하는 거라면 잘 웃기, 얼굴 두껍게 콩글리쉬로 영국 사람들과 대화하기, 이 나라 재료로 한국 음식 만들기 정도? 이럴 줄 알았다면 한국을 떠나기 전 네일 아트라도 배워 놓을 걸 하는 후회가 밀려들었다.

이상한 일이 또 벌어졌다. 그날 이후 '무슨 일 하지'에서 '무얼 팔지'로 생각이 바뀐 것이다. 머릿속에는 얼마 전 보았던 판매 사이트가 떠나지 않았다. 저기서 장사하면 좋겠다는 생각이 또렷해졌다. 남편은 옆에서 계속 부추겼다. 밑져야 본전인데 한 번 해 봐? 나 진짜 해? 근데 뭘 팔아? 하루에도 수십 번씩 마음이 바뀌었지만 해보고 싶다는 마음이 커지고 있었다. 닥쳐올 현실이 무서워 영양사 공부를 포기한 사람으로만 남고 싶지는 않았기 때문이다.

문득 정신건강센터 매니저와 크리스마스 페어에 참가했을 때의 장면이 떠올랐다. 그때 우리는 회원들이 비즈로 만든 귀걸이, 팔찌, 목걸이 등을 팔았다. 우리 매대는 파리를 날리는 동안 바로 옆 매대는 사람들이 벌떼 같이 모여드는 걸 보았다. 핸드메이드 작품을 액자에 넣어 파는 곳이었다.

작품이라고는 해도 대단한 건 아니었다. 액자 안에는 단추로 사람 얼굴을 꾸미고 간단한 선으로 몸통을 그린 디자인과 함께 인쇄된 한 줄짜리 메시지가 들어 있었다. 별 거 아닌 것처럼 보였는데 하도 잘 팔려서 희한하다고 생각했다. 뿌옇던 결심이 선명해졌다. 그래, 나도 액자에 뭔가를 넣어서 팔아보는 거다. 모방은 창조의 어머니. 단추 사람을 모방하여 내 제품을 창조하는 거다! 영양사를 생각할 때보다 더욱 세차게 가슴이 두근거렸다.

작은 액자 안에 나만의

핸드메이드 제품을 넣어볼까

"가장 한국적인 것이 가장 세계적인 것" 이라는 말의 속사정

 액자에 도대체 뭘 넣어야 할까. 머리칼을 쥐어뜯으며(타고난 머리숱이 많아서 어찌나 다행인지!) 한참을 고심한 끝에 몇 가지 아이템을 생각해 냈다. 딱지, 종이 복주머니, 종이 한복 그리고 전통매듭. 그것을 한글 이름과 함께 액자에 넣어 팔 계획을 세웠다. 외국 사람의 이름을 소리 나는 대로 한글로 써주는 것이다. 예를 들어 'Alex'는 '알렉스'라고 써준다. 'Bella'는 '벨라'라고 써준다. 상당히 애국심의 향기가 진하게 풍기는 아이디어다. 새롭게 생각해낸 것은 아니었다. 아이들이 다니던 학교에서 인터내셔널 축제를 할 때 한국어로 이름 써주기 행사를 담당했었는데 반응이 좋았던 것을 떠올렸다.

가장 한국적인 것이 가장 세계적인 것이라는 말이 있다. 한국 고유의 특성이야말로 세계에서 인정받을 수 있다는 것, 달리 말하면 한국적인 게 세계 시장에서 먹힌다는 말일 것이다. 하지만 내가 이 아이템을 정한 데에는 따로 사정이 있었다. 이미 말했다시피 나는 스스로를 똥손이라 굳게 믿었다. 감각도 없고 창의력은 평균 이하라서 뭘 해야 할지 떠오르는 게 별로 없었다. 사람들이 좋아하는 게 뭔지도 몰랐다. 근데 액자를 팔겠다고 덜컥 결심 먼저 했으니 찾다 찾다 그나마 잘 아는 한글과 간단한 종이접기를 택한 것이다. 전통매듭을 추가한 것은 엄청난 도전이었다.

 아이템을 정했으므로 시제품을 제작해야 했다. 지금은 비록 미천(?)하나 앞으로 수공예의 장인이 될 몸이라 생각하고 스승으로 모실 분은 신중하게 골랐다. 디지털 시대의 최강자! 유씨 성을 가진 선생이었다. 여러분들이 생각하는 그분 맞다. 유튜브 선생. 이미 알고 있는 딱지 접기를 제외하고 유 선생에게 나는 한복 접기와 복주머니 접기, 두벌 국화매듭과 외생쪽 매듭을 전수받았다. 종이접기는 그냥저냥 하겠는데 매듭은 달랐다. 과정이 하나만 틀려도 모양이 나오질 않아서 다시 풀기를 반복해야 했다. 수련의 과정은 혹독했다.

"스승님, 이 부분에서 잘 모르겠습니다. 새로운 가르침을 주십시오."

아무리 다른 방법으로 가르쳐달라고 외쳐도 유 선생은 같은 말만 되풀이했다. 젠장. 그래도 시간은 흘러 흘러 매듭이라고 부를 만한 결과물이 나왔다. 두어 달의 기간 동안 제품 10개를 만들어냈다. 색지를 깔고 사진을 찍었다. 핸드메이드 사이트에 가입했다. 숍을 열고 꾸몄다. 인사말을 썼다. 제품의 상세 설명도 써 내려갔다. 가격을 정했다. 이제 모든 게 끝났고 Publish 버튼만 누르면 세상 사람들이 나의 액자를 살 수 있는, 아니 최소한 구경은 할 수 있는 순간이 왔다.

그런데 딱 그 시점에서 문제가 생겼다. 누를까 말까, 말까 누를까. 버튼을 누를 수가 없었다. 시스템의 문제가 아니었다. 내 손가락이 엔터키를 누르지 못했던 것이다. 막상 시작하려니 한 명도 주문을 안 하면 어떡하지 하는 걱정이 생겼기 때문이다. 아주 바보 같은 생각이라는 걸 아는데도 숍 오픈일이 자꾸만 뒤로 미루어졌다. 귓가에 알 수 없는 목소리가 들렸다. 그럴 줄 알았어. 네가 하긴 뭘 해. 사업이 장난이냐. 애나 키워. 늘 하던 데로 그냥 포기해. 그게 너다워……. 아, 실패가 두려워 시작도 못하는 부류의 인간이 여기 있었구나.

누군가에게는 무척 쉬운 시작이 나에게는 하늘만큼이나 높게 다가온 순간이었다. 스스로가 이런 사람이었다는 것을 깨닫고 적잖이 당황하기도 했다. 2, 30대에는 안 그랬던 것 같은데. 사회를 떠나 전업주부로 산 세월이 길어져서 그랬을까? 아니면 이게 원래 내 모습인가? 두어 달 전만 해도 로켓처럼 솟구쳤던 나의 자신감은 점점 가을철 볕 좋은 날 말라 가는 곶감처럼 쪼그라들기 시작했다.

허공에 대고 괜한 어깃장을 부리기도 했다. 쳇, 실패는 성공의 어머니라지만 그건 성공을 맛본 사람들이나 할 수 있는 이야기 아닌가? 그래, 나 중간에 다 포기했다! 애 키우느라 제대로 된 실패의 경험조차 갖지 못했던 사람들에게는 새로운 일을 벌이는 게 쉽지만은 않다고! 급기야 책상에 앉아 다른 돈벌이 방안을 검색하는 사태가 벌어졌다. 접어놓은 종이접기는 어쩌라고. 걔네들에게 눈코입이 있었다면 아마 피눈물을 흘리며 내 욕을, 내 욕을 바가지로 했을 것이다.

몇 주를 허송세월하고 나니 이번엔 헛웃음이 났다. 어이가 없어 흘리는 웃음이었다. 월 몇백을 벌겠다는 목표를 세운 것도 아니고 겨우 시작 버튼을 누르기만 하면 되는데 여전히 망설이는 내 모습이 우습다 못해 짠해 보였다. 어떻게든 마음을 단단히 먹어야 했다. 이렇게 낮은 턱 하나 넘지 못한다면 인생에 큰 고비가 올 때마다 어쩌란 말인가. 나에게 손가락질하고 있는 유일한 사람, 바로 나 자신에게 배짱을 튕겨야 할 순간이었다.

그래서 내가 한 일은 마음을 다잡기 위해 다른 이들의 조언을 구한 일이다. 멀리 갈 것도 없었다. 유튜브에 가서 "실패가 두려워 시작을 못하는 당신에게"라고 쳐 넣었다. 세상에는 나 같은 사람이 많은 모양이다. 이 주제로 된 영상들이 넘쳐났다. 하나씩 돌려보았다. 다행히 움츠러들었던 자신감이 점점 펴지기 시작했다.

그중 가장 기억에 남는 것은 영국 드라마 〈셜록 홈즈〉의 주인공 베네딕트 컴버배치가 외치는 소리다. Just do it! Just do it! 영어로 된 연설이었지만 얼굴 표정 전체를 동원하여 말하고 있었기 때문에 보는 순간 가슴에 팍 꽂혔다. 어쩐지 지금 바로 시작하지 않으면 베네딕트에게 불려 가 야단이라도 맞을 것 같았다.

그래 그냥 하자. 단 한 개의 액자를 못 팔아도 괜찮다. 괜찮다. 괜찮다. 다른 걸 시도하면 된다. 할 수 있다. 할 수 있다. 할 수 있다. 떨리는 마음으로 시작 버튼을 눌렀다.

드디어 종이접기 숍의 문을 열었다. 가장 한국적인 것밖에 할 줄 몰라서 시작한 종이접기지만 가장 세계적인 것이 되게 해달라고 기도를 했다.

그냥 해보는 거다

실패해도 괜찮다, 괜찮다

종이접기 숍 오픈!
방문자 수 제로, 실화입니까?

한 손으로 턱을 괴었다. 나머지 손으로는 5초 간격으로 '새로 고침' 버튼을 눌렀다. 숫자는 변함이 없었다. 나의 종이접기 숍 방문자 수는 제로였다. 이것은 실화일까? 실화였다. 두 달 넘게 같은 상황이었다. 가끔씩 한두 명의 방문자가 있는 날도 있기는 했다. 하지만 대부분의 날에 나의 종이접기 액자를 찾는 이가 아예 없었다. 그래도 다행이었다. 월세를 내지 않아도 되어서.

광고를 할지, 신제품을 더 개발할지 다음 단계를 결정해야 할 순간이었다. 사실 선택의 여지는 없었다. 요즘 기업들은 광고를 할 때 빅 데이터를 활용해 타깃 고객층을 정확히 잡아 맞춤 광고를 한다. 그런데 우리 숍은 빅 데이터는커녕 스몰 데이터조차 없으니 누구에게 어떤 광고를 해야 한단 말인가. 돈만 쓰고 끝날 확률이 커 보였다. 그렇다면 새로운 걸 접어야 하는데 도대체 뭘? 그때 과거가 하나 떠올랐다.

중학교 다닐 때 색종이를 길게 오려 학 알 1,000개를 접은 적이 있다. 원래는 종이학으로 접으려 했지만 생각보다 시간이 많이 걸린다는 걸 깨닫고 학 알로 바꾸어 접었다. 그 시절 우리는 좋아하는 사람에게 1,000개의 무언가를 접어 선물하면 사랑이 이루어진다는 속설을 믿었다. 설사 이루어지지 않는다 해도 그 많은 걸 접으면서 한 사람만을 생각할 테니 그 자체가 근사한 고백의 수단이었다. 종이접기로 만든 학 알은 모서리가 뾰족해서 이 세상에 존재하는 어떤 새의 알같이 생기지도 않았지만 목표치를 완성하여 곰돌이 모양의 유리병에 한가득 담았다.

이 시점에서 어이가 없는 건 그게 어느 남학생에게 갔는지는 알쏭달쏭하다는 것이다. 학년이 바뀔 때마다 좋아하는 대상이 달라졌던 탓일 것이다. 목사님 아들이었나? 독서실 총무

오빠였나? 아니면 방금 그 목사님 아들 친구 걔였나? 생각나는 대상을 일렬로 세워놓고 떠올려 봐도 잘 모르겠다. 고백은 성과를 거두지 못했다. 이거라도 기억해서 다행이다. 역시 학을 접어야 했을지도 몰랐다. 그 후 종이접기는 '짝사랑 실패의 대명사'쯤으로 자리 잡았다.

　이 생각이 왜 그때 났는지 모르겠다. 덜덜 손을 떨며 Publish 버튼을 누르기 전, 아니, 아니, 액자를 팔아보겠다고 결심한 순간에 떠올랐다면 종이를 접지 않았을지도 모르는데 말이다. 30여 년 전 한 남학생의 마음을 얻는 데 실패했던 종이접기로 나는 과연 외국 사람들의 마음을 움직일 수 있을 것인가? 방문자 수 제로의 흑역사를 '새로 고침' 할 수 있을 것인가? 대학물 먹고 영양사가 되어야 했을? 아니, 아니, 이건 아니고.

　무엇을 접어야 할지 떠오르는 게 없어 또 유 선생에게 갔다. 그리고 며칠 뒤 종이접기 사업의 서막을 알리는 종이 울렸다.

과연 종이접기로 사람의 마음을 움직일 수 있을 것인가?

스코틀랜드에서 킬트 접는
한국 여자가 되다

"딩동, 딩동, 딩동."

페이스북 메신저 알림이 연달아 울렸다. 설마. 심장이 콩닥콩닥 뛰었다. 마켓플레이스*라 불리는 직거래 장터 게시판에 글을 올린 지 몇 시간이 채 지나지 않았을 때였기 때문이다. 남자 정장과 여자 드레스를 종이로 접어 액자에 넣은 뒤 "결혼식 선물! 이렇게 만들어 드립니다."는 문구를 넣은 것이었는데. 그걸 보고 연락한 게 아닐까? 호흡을 가다듬고 핸드폰을 열었다. 메시지를 확인하는 순간 환호성을 지르고 말았다.

"우어어, 여보! 주문 들어왔어, 만들어 달래!"

나의 호들갑에 방에 있던 남편이 나와 내 핸드폰 화면을 확인했다.

"축하해, 종이접기 액자 이제부터 시작인 것 같은데?"

"에이 무슨, 이제 겨우 하나 들어온 건데. 하하하."

별일 아닌 것처럼 손사래를 쳤지만 얼굴에 함박웃음은 멈추지질 않았다. 온라인 숍에 제품을 올린 후 개점휴업 상태로 3개월이 지나던 시점이었다. 이러다 장사 접어야 하나 머리를 싸매고 있을 때 거짓말처럼 주문이 들어온 것이다. 게다가 페이스북은 숍에 올리기 전 테스트 삼아 올렸던 곳이었다. 기대가 높지 않으면 기쁨은 더 커지기 마련이다.

"어떤 결혼식 액자야? 일반 아니면 킬트?"

"응, 킬트. 아무래도 이 근처 사는 사람들이 봤을 테니까."

킬트는 스코틀랜드의 전통의상이다. 남자도 치마를 입는 나라라는 소리를 듣는 게 바로 스코틀랜드다. 어릴 적 우리들이 즐겨 빨았던 스카치 캔디 봉지 앞에 붙은 남자가 입고 있는 게 킬트다.

미국을 떠나 영국 스코틀랜드에 도착했을 때 관광개이 꽉

들어찬 거리 곳곳에서 킬트를 입고 백파이프를 연주하는 남자를 자주 봤다. 그 어떤 것보다도 이 나라의 특징을 잘 나타내고 있는 모습이었다. 트럼펫보다는 좀 더 가볍고 높은 소리가 나는 백파이프 연주를 듣다 보면 척박한 스코틀랜드 대지의 날카로운 바람소리가 들리는 것 같았다. 그럴 때마다 감상에 젖어 양 눈썹을 가운데로 모으고 "너무 이국적이다"라고 말하면 남편은 항상 "여기가 바로 이국"이라고 맞받아치곤 했다.

이 나라 사람들은 결혼할 때 일반 정장 대신 킬트를 입고 한다는 것을 알게 되었다. 신제품으로 어떤 걸 접어볼까 고민했을 때 유튜브를 보다가 드레스 접기가 눈에 들어왔다. 주름까지 접어놓은 종이 드레스가 앙증맞았다. 자연스럽게 남자 양복 접기를 찾았다.

내친김에 킬트까지 만들어 보면 어떨까 하는 생각이 떠올랐다. 창고를 뒤져 오래된 시폰 재질의 체크무늬 블라우스를 꺼내왔다. 가위를 들고 과감하게 잘라내 풀로 붙이고 접어 치마를 완성했다. 킬트 정장용 앞주머니인 '스포란'도 만들었다. 유치원 가방 접기를 응용하고 끈으로 매듭을 만들어 주머니 앞을 꾸몄다. 그럴듯해 보였다.

그때 "딩동"하고 메시지가 왔다. 또 다른 주문이었다. 딩동, 딩동. 페이스북의 알림 소리가 그렇게 경쾌하게 들릴 줄은 몰랐다. 그날 하루만 5건의 주문을 받았고 이후 두어 달 동안 50개가 넘는 킬트 액자를 만들어야 했다. 나의 종이접기가 스코틀랜드 사람들의 마음을 움직여 지갑을 열게 만든 것이다. 땅을 파도 1파운드 동전 하나 나오지 않는 혹독한 세상에서 내 손으로 만든 무언가를 돈 주고 사는 사람들이 생기다니, 믿기지가 않았다.

그러는 사이 내 배꼽에 도톰한 줄이 연결되었다. 줄의 반대편 끝에는 커다란 통이 놓여 있었다. 그 통에서 헬륨 가스가 나와 내 쪽으로 계속 들어왔다. 몸과 마음이 끝도 없이 부풀어 올랐다. 눈 깜짝할 사이 두 발이 땅에서 떨어졌다. 풍선처럼 구름을 뚫고 하늘 높이 올라갔다. 야호! 그때부터 나는 스코틀랜드 킬트와 함께 세계 사람들의 결혼식 복장을 접어주는 한국 여자가 되었다.

* **마켓플레이스:** 페이스북 중고장터. 개인 대 개인의 직거래가 이루어지는 곳인데 새 제품을 팔기도 한다. 현재 미국, 영국, 호주, 뉴질랜드에서만 사용이 가능하다.

대한민국 주부의 손끝에서 탄생하는
각국의 종이접기 결혼식 복장

시어머니가 주는 결혼 선물은 어떤 기분일까?

　페이스북에서 종이접기를 팔 때 킬트 액자를 가장 많이 주문한 것은 다름 아닌 시어머니들이었다. 아들과 며느리에게 줄 선물용으로 액자를 시킨다. 신부의 엄마가 주문한 경우는 없었다. 킬트가 가문을 상징하기 때문일 것이다. 스코틀랜드는 집안마다 고유한 격자무늬의 패턴을 갖고 있다. 우리는 보통 체크무늬라고 하는데, 이 나라 사람들은 그것을 '타르탄'이라 부른다. 액자를 주문한 사람들은 하나 같이 자기 집안의 타르탄으로 킬트를 만들어 줄 수 있냐고 물었다.

　"붉은 계통이면 좋겠어요."
　"초록색과 파란색이 섞인 타르탄 있을까요?"

"회색 타르탄 부탁합니다."

처음에는 색깔만 언급하던 것이 어느새 이렇게 바뀌어 갔다.

"맥도널드 타르탄 가능해요?"

"모던 브루스 타르탄이면 완벽할 텐데요."

"린제이 타르탄이요."

"맥켄지여야 해요. 꼭이요. 부탁드립니다."

30개의 주문에 30종류의 타르탄을 요구했다. 스코틀랜드 남자들은 집안 이름이 앞에 붙은 타르탄 무늬의 킬트를 입고 결혼하는 것이다. 그들의 자부심을 위해 나는 포토샵으로 편집을 했다. 무늬의 일부를 따온 뒤 킬트 치마로 잘 접을 수 있도록 특별한 편집 방법을 생각해냈다. 그것을 A4 용지에 출력한 뒤 허리둘레 3cm의 치마로 접어 결혼식 예복을 만들었다. 자기 가문의 타르탄으로 만든 조그만 킬트에 그들은 열광했다.

아들의 결혼식을 눈앞에 둔 메간 역시 예비 시어머니 고객이었다. 그녀를 잊을 수 없는 몇 가지 이유가 있는데 그중 하나는 액자를 주문을 한 뒤 메신저로 장문의 글을 폭포수처럼 쏟아 놓은 첫 번째 고객이기 때문이다.

"킬트는 부케넌 타르탄이에요. 재킷은 황토색으로 해 줄 수 있죠? 드레스는 며느리가 입을 것과 비슷하게 만들고 싶어요. 곧 사진 보낼게요. 길이는 좀 짧고 넓게 퍼지는 모양이에요. 아 그리고 부케는 백합이랍니다."

아찔했다. 요구사항이 너무 많았다. 드레스는 딱 한 종류밖에 접을 줄 몰랐는데 퍼지는 모양이라니. 백합꽃은 또 웬 말? 총체적 난국이었다. "메간, 제가 사실은 종이접기를 시작한 지 몇 달 안 되었답니다."라고 고백할 뻔했으나 그건 고객이 알 바가 아니었다. 하필 그때 왜 2000년대 초반에 유행하던 마케팅 문구가 떠올랐는지 모르겠다. 다니던 회사에서 서비스 교육을 받을 때 들었던 말이다.

"고객 감동에서 고객 만족을 넘어 고객 기절까지!"

스몰 비즈니스지만 종이접기도 나름 사업인데 고객의 이런 요구조차 들어주지 못한다면 앞으로 이 장사로 밥 벌어먹을 수 있을 것인가? 하는 오기가 생겼다. 그래, 메간을 기절시키자! 목표가 정해졌으니 이젠 방법을 찾을 차례. 인터넷에 나와 있는 온갖 영상을 한글과 영어로 검색하여 드레스 만드는 법을 뒤졌다. A4 용지를 반으로 잘라서 하라는 대로 이렇게 접어보고 저렇게 접었다. 종이를 접는 일이 손에 익지 않아 자꾸 구김이 가는 바람에 다시 접기도 했다.

문제는 메간이 보내온 사진과 비슷한 드레스는 영상에 나와 있지 않았다는 점이다. 하는 수 없이 기존의 방법을 조금 바꾸어 접어 보았다. 시간이 얼마나 흘렀을까. 고개를 들어 사방을 둘러보니 망해서 구겨 버린 종이 뭉치들이 방바닥에 쫙 깔렸다. 아, 내 고뇌의 뭉치들이여! 실패의 쪼가리들이여! 전문가로 가는 길 양 옆은 꽃길이 아니라 종이 쓰레기가 가득한 것이로구나, 하고 깨달을 즈음 드디어 원하는 모양이 나왔다.

다음은 백합꽃. 하얀 꽃잎이 부드러운 곡선을 이루며 꽃대를 감싸고 있는 이것을 어떻게 표현할 것인가. 메간을 기절시키기 전에 내가 기절할 판이었다. 이미 이 액자 하나를 위해 너무 많은 시간을 써 버린 탓에 시간당 최저임금도 못 받는 형국이었기 때문이다. 하지만 너무 먼 길을 와버렸다. 고지가 저기 보이는 것 같기도 했다. 그만둘 수가 없었다. 그리하여 나는 다시 책상에 앉아 어깨를 동그랗게 말고 성냥개비에 한 올 한 올 펜으로 색을 칠해 꽃대를 만들고 조그맣게 오린 종이를 감싸 백합꽃을 만들었다.

막상 액자를 완성했을 때는 진이 다 빠졌지만 스스로가 대견스러워 눈물을 흘릴 뻔했다. 내가 이런 걸 만들 줄 아는 여자였다니! 액자의 한쪽 구석에 말발굽 모양의 이미지도 일러스트로 만들어 넣어주었다. 영국에서는 그것이 행운의 상징이라는 것을 우연히 주워 들었기 때문이다. 메간은 너무나 좋아했다. 고맙다는 말도 여러 번 했다. 기절할 정도였는지는 알 수 없으나 최소한 만족은 한 것 같아 보였다. 그래요, 당신이 좋으니 저도 좋군요. 눈물 주르륵.

진실을 고백하자면 오히려 고마운 건 내 쪽이었다. 그녀가 자세하게 요구한 덕에 나도 여러 가지 시도를 하면서 드레스를 다양하게 업그레이드시켰고 그것은 숍에 정식 제품을 올릴 때 큰 도움이 되었기 때문이다. 게다가 나에게 처음으로 사진을 보내준 덕에 거기에서 아이디어를 얻어 '결혼사진과 비슷하게 접어주기'라는 제품 콘셉트를 정하게 되었다. 메간

뿐 아니라 초창기 나의 종이접기를 보고 뭘 해달라고 끊임없이 요청했던 고객들 모두 소중한 피드백을 준 고마운 분들이다. 기업들은 이런 거 돈 주고 얻는다.

그런데 참 궁금하다. 예비 시어머니에게 한 집안을 상징하는 패턴이 담긴 종이접기 선물을 받는다면 어떤 기분일까? 그 집 며느리는 좋아했을까? 자, 상상의 나래를 펼쳐보자. 만약 축하한다고만 말하고 건네줬다면 며느리 만족! 현금을 넣어 함께 선물했다면 며느리 감동! "너는 이제 부캐넌 집안사람이다. 죽어서도 이 집 귀신이 되거라"라는 말까지 더했다면 그 며느리, 꼴까닥 기절하지 않았을까.

**종이접기로 고객 감동에서
고객 만족을 넘어 고객 기절까지**

어른의 창의력을 깨우는 시간

　페이스북에서 100개가 넘는 종이접기 액자를 판 후 자신감이 쑥쑥 올라갔다. 그 힘을 발판 삼아 온라인 숍에 본격적으로 제품을 올리기 시작했다. 스코틀랜드 결혼식뿐 아니라 일반 결혼식 그리고 각종 행사에 맞는 작품을 개발하여 선보였다. 숍의 소셜 미디어 페이지도 만들었으며 판매자들이 모여 있는 커뮤니티 게시판에도 갔다. 마케팅 공부도 했다. 아무것도 모른 채 열의 하나만 가지고 시작했던 스몰 비즈니스가 차차 모양새를 갖추어 나갔다.

　접어야 할 종이접기의 개수가 커지고 배송 국가가 하나둘씩 늘면서 나는 점점 창의적인 사람이 되었다. 아차차, 입이 삐뚤어지진 않았으니 말도 바로 해야지. 내 작품에서만큼은! 창의적인 사람이 되었다. 예전엔 모든 면에서 그러질 못했다. 어릴 적부터 받아온 주입식 교육에 흠뻑 물든 탓에 남들이 하란 데로 사회가 정해 놓은 기준대로 사는 게 편했기 때문이다. 스스로 독창적인 무언가를 만들어내는 거? 아주 어렵고 골치 아픈 일이라 생각했다. 구태여 그러고 싶지도 않았다.

그러던 내가 어쩌다 금손 소리를 듣는 새로운 사람으로 변신하게 되었을까. 별건 없다. 하도 많이 만들다 보니 그렇게 되었다. 주문량이 늘면서 다양한 나라의 옷을 만들어야 했다. 천이 아닌 종이로 그걸 표현해야 하기에 접으면서 생각하고, 머리를 굴려 각종 방법을 시도했다. 그것을 반복하다 보니 나답지 않게 창의적인 아이디어가 불쑥 튀어나오기 시작했다. 접기 실력도 부쩍 늘었다.

이것은 남편에게만 하는 고백인데 가끔 예술가의 반열에 오른 것 같은 착각에 빠질 때가 있다. (착각은 자유니까 맘껏 할 수 있다는 게 장점이다.) 고심하여 만든 작품이 기대했던 것보다 잘 나왔을 때 그렇다. 그럴 땐 뻔뻔하게 외친다. "여보, 나는 천재인가 봐!"

아이의 창의력이 중요한 시대인가 보다. 시중에 나와 있는 책 제목만 봐도 알 수 있다. 창의력 올려주는 ○○○, 창의력 쑥쑥 ○○○. 국어책은 물론 수학책이나 영어책도 요즘은 이 단어와 자주 붙어서 나오는 걸 보았다. 포털 사이트에서 창의력을 검색하면 아이 교육과 관련된 콘텐츠들이 줄줄이 쏟아진다.

근데 그것을 키워야 하는 게 비단 어린이들만의 일일까? 어른들은? 우리들은 그저 하던 데로 기존의 방법으로 살면 될까? 음악가나 화가처럼 예술과 관련된 일을 하는 사람이 아니라면 살짝 눈 감아도 괜찮단 말인가.

나는 다 자란 어른들이야 말로 세상을 새롭게 보는 힘 – 창의력을 계속 키워야 한다고 생각한다. 어른의 삶은 선택의 연속이다. 결정해야 할 일이 넘쳐난다. 그럴 때 창의성을 조금 보탠다면 생각지도 못했던 방향으로 길이 열릴 수도 있다. 못 보던 세상을 볼 수도 있다. 창업 한 번 해보려 해도, 소셜 미디어에 글 하나 쓰려고 해도 창의성이 담겨 있으면 사람들의 이목을 끌 수 있고 그것이 좋은 결과를 이끌어 낼 수도 있다.

아이들의 두뇌는 끊임없이 새로운 걸 받아들이고 배우려는 힘이 있다. 누군가 일부러 가두리를 치지만 않는다면 충분히 창의성을 키워나갈 것이다. 어른은 다르다. 배움과 경험이 여러 겹 쌓이고 단단해지면서 고정관념이나 고집 같은 게 생기기 때문이다. 열린 사고를 하기가 쉽지 않다. 관성의 법칙은 힘이 센 탓에 그걸 끊고 새로운 도전을 하거나 색다른 시선을 갖기가 사실, 귀찮다. 무지 귀찮다.

만약 《창의력을 떠먹여 주는 인생 꿀팁 Top 10》 같은 참고서가 출간된다면 가장 먼저 달려가서 살 사람은 나일 것이다. 정신없고 바빠 죽겠는데 딱 한 권의 책으로 창의력 완정정복을 할 수 있다면 얼마나 좋을까. 아쉽게도 그런 방법은 없는 듯하다. 이것과 똑같은 제목의 책이 나올지라도 믿지 마시라. 그건 "이 약 한 번 잡숴 봐"라고 외치는 약장수의 외침일 테니.

책도 없고 학원도 없다면 어른은 대체 어떻게 그걸 키워야 할까. 종이접기로 금손 소리를 듣다 보니 어른의 창의력을 갈고닦는 데 꼭 필요한 게 있다는 걸 알게 되었다. 너무 당연하여 싱겁게 들릴 수도 있는데 바로 실행력이다. 떠오르는 생각을 실제 해보는 힘. 그게 핵심이다. 날 때부터 천재라면 모를까, 처음부터 독창적인 생각이 마구 떠오르는 사람은 많지 않을 것이다. 시작은 대개 어디서 본 것 같기도 하고, 들은 것 같기도 한 생각에서부터다.

만약 이걸 머릿속에만 가둬두면 아무리 뛰어난 것이라 해도 손 안의 모래알처럼 스르르 사라지고 만다. 하지만 직접 실행을 해보면 또 다른 아이디어가 자석처럼 붙어 점점 커질 때가 있다. 물론 결과물이 목표한 것과 다를 수 있다. 그땐 바꾸어서 생각해 보고 또 해 본다. 그러다 보면 이 경험과 저 경험을 결합시키는 힘도 생긴다. 남들이 하지 않는, 나만이 할 수 있는 특별한 무언가를 찾기도 한다. 이런 과정이 쌓이면 창의적이 되는 것이다.

종이접기도 처음에는 기존에 알려진 방법으로만 접었다. 그러다가 점점 나만의 방법을 개발하기 시작했다. 말이 좋아 개발이지, 다른 말로 표현하면 완성작을 얻기 위해 접다가 망해서 버린 종이가 수두룩하다는 뜻이다. 그 결과 드레스 모양이 다양해졌고 디테일이 살아났다. 어떤 건 미용 티슈를 덧대어 주름을 표현하고 어떤 드레스는 종이를 잘게 오려 표현한다. 최종 디자인을 완성하기 위해 은색 체인을 달아봤다가 2mm 구슬을 붙여보기도 한다. 그것도 마음에 안 들면 바로 차를 몰고 만들기 재료를 파는 가게로 출동이다.

 결국 창의성을 키우려면 시간을 들여야 한다. 부지런하고 성실해야 한다. 몸을 직접 움직여 남들의 눈에 보이는 결과물을 만들어 봐야 하기 때문이다. 그림이든, 음악이든, 글이든 아니면 어떤 프로젝트에 대한 기획이든 마찬가지다. 비단 여기에만 해당되는 이야기가 아닐 것이다. 배우는 모든 것들을 자기 것으로 소화시키기 위해, 원하는 일을 시작하기 위해 반드시 넘어야 할 관문이 바로 실행이므로.

 창의력과 실행력, 이 둘을 한꺼번에 높이는 기가 막힌 방법이 하나 있기는 하다. 자기가 진짜 좋아하는 일을 찾아 그 속으로 퐁당 빠지는 것이다. 누가 시키지 않아도 실행력 엄청 좋아진다. 그렇게 집중하여 한 분야에 깊게 파고들다 보면 그 분야에서는 창의적인 아이디어가 마구 튀어나올 가능성도 높아진다. 물론 그걸 못 찾아서 오늘도 고군분투하는 이들이 많다는 건 알지만 일단 찾기만 하면 본격적인 게임이 시작된다.

만약 그것이 돈 버는 것과 연결된다면? 어후, 게임 끝이다.

창의적인 할머니가 될 테야

그러기 위해

실행하는 할머니가 될 테야

미용 티슈로 접은 신부 드레스

은색 스탬프로 도장을 찍은 신랑 양복

완벽주의의 재발견

 네모난 종이의 모서리 네 군데 중 하나를 들어 반대편 대각선 끝에 맞춘다. 이 직각과 저 직각이 겹치면 손끝으로 야무지게 눌러 세모를 만든다. 이때 손톱 말고 몽툭한 손가락 끝을 써야 한다. 어떤 자국도 나서는 안 되기 때문이다. 다시 한 번 정성스럽게 꾹꾹 누른다. 선과 선이 만나 구김 없이 반듯하게 접히는 종이를 보면 짜릿하다. 반대로 조금이라도 비뚤어지면 마음이 불편해진다. 대세에 영향을 미치지 않는다면 애써 모른 척하고 넘어가려 하지만 여러 순간에 새 종이를 꺼내 다시 접고는 했다.

 나는 완벽주의 성향이 있다. 이 말은 좋은 뜻일까, 나쁜 뜻일까? 젊을 때는 '완벽주의가 있다'라는 말이 좋은 건 줄 알았다. 완벽을 추구하기 때문에 일도 꼼꼼하게 잘한다는 의미가 있다고 생각했기 때문이다. 그래서 사보 기자로 일할 당시, 마감 때만 만나는 프리랜서 디자이너에게 뻔뻔하게 말할 수 있었다.

"제가 좀 완벽주의가 있어요. 수정할 내용이 많네요. 저랑 일하기 힘드시죠?"

약간은 미안한 척하면서, 한 편으로는 꽤나 프로인 척하면서, 내가 원할 때까지 고쳐주지 않으면 절대 OK를 할 수 없다는 결연한 마음을 담아서 했던 말이다. 40대가 되어 생각하니 얼굴이 빨개지고 어디론가 숨고 싶다. 20대 후반의 사회 초년생이 30대 베테랑 디자이너에게 했던 말 치고는 꽤 용감했다. 지금은 누가 나에게 그렇게 말한다면 '너도 참, 인생 피곤하게 살겠구나' 하고 생각할 것 같다.

내 완벽주의는 어릴 때부터 있었다. 초등학교 때 몇 장 쓰다가 내버린 노트가 무척 많았다. 노트 한 권 전체가 예쁜 글씨로만 차 있길 바랐다. 그런데 수업을 하다 보면 어디 그럴 수 있나? 집에 와서 괴발개발 쓴 글씨를 보면 그 장을 찢어버리고 다시 예쁜 글씨체로 옮겨 적어야 직성이 풀렸다. 하지만 그런 것도 한두 번이라 미운 글씨체가 많아지면 아예 새 노트를 꺼내 다시 시작했다. 시간 낭비, 노트 낭비 그러다 엄마에게 걸리면 무진장 혼나고.

지금에 와 돌아보니 어른이 된 후 이런 성격 때문에 힘든 적도 많았다. 예를 들어 "나는 행복한 사람이어야 한다, 뭐든 잘해야 한다"는 명제를 스스로에게 오랫동안 강요해 왔다. "행복하게 살고 싶다"는 것과 "행복한 사람이어야 한다"는 것은 완전히 다르다. 앞의 것은 소망이 들어 있기 때문에 그렇게 되기 위해 노력을 하면 되는데 뒤의 것은 결론이기 때문에 지금 당장 행복하지 않은 상황과 맞닥뜨리면 인정하기가 어렵다. 어라? 나 왜 안 행복하지? 안 되는데. 이거 아닌데. 그러면서 쉽게 좌절했다. 그놈의 "해야 한다" 관념 탓에 꽤 긴 시간 동안 내 속에서는 전쟁이 일어났다. 인간이라면 누구나 24시간 행복하기가 불가능하다는 사실을 그때는 몰랐다.

그런 순간이 많아지자 점점 그것이 나쁜 거라고 생각하게 되었다. 게다가 책이나 미디어에서 보는 완벽주의는 대부분 사람을 힘들게 할 뿐 도움이 되었다는 이야기는 없었다. 모두들 완벽하지 않은 것의 아름다움을 이야기했다. 줄이고 싶었다. 나도 좀 유연하게 살고 싶었다. 하지만 오랜 세월을 함께한 기질을 바꾸기가 쉽지는 않았다.

그러다가 종이접기를 시작하고 나서 새로운 발견을 했다. 그토록 줄이고 싶었던 완벽주의가 이 일과 잘 맞는다는 걸 알게 된 것이다. 구김이 가서 다시 접어야 하는 일은 언제나 수고롭다. 하지만 그 과정을 거치고 나면 질이 높아진 완성품이 내 앞에 나타났다. 돈을 받고 하는 일에 이 정도의 완벽을 향한 집착은 실이 아니라 득이 되어 주었다. 작품 앞에 점점 당당해졌다. 고객들이 보내오는 사진을 보고 최대한 비슷하게 접어주려 노력하다 보면 별 다섯 개의 좋은 리뷰들이 보답을 했다. 감각 있다, 창의적이다, 재능이 많다 같은 칭찬은 영어로 들어도 기분이 좋다.

완벽주의에 대해 다시 생각하게 된 계기가 또 하나 있는데 디즈니 CEO인 로버트 아이가가 쓴 책《디즈니만이 하는 것》에 나온 문장 때문이다. 그는 진정한 리더십의 10가지 대원칙에서 완벽주의를 하나의 원칙으로 꼽으며 다음과 같이 말했다.

"완벽주의는 어떤 대가를 치르더라도 완벽을 추구하라는 뜻이 아니다. 평범함을 거부하라는 의미다. 무언가가 '웬만큼 좋다'고 변명하지 말아야 한다. 무언가가 더 나아질 수 있다고 믿는다면, 그에 걸맞은 노력을 기울여야 한다. 특히 당신이 무언가를 만드는 비즈니스에 몸담고 있다면, 그것을 최고로 위대하게 만들어야 한다."

우연처럼 시작했지만 그것으로 새로운 커리어를 쌓는 지금, 나에게 필요한 건 내 작품을 최고로 위대하게 만들 완벽주의인지도 모르겠다. 종이를 조금이라도 더 깔끔하게 접는 힘, 사람들이 내 종이접기를 선물 받고 1cm라도 더 입을 찢어 웃게 하는 힘, 취미를 넘어 전문가의 길로 들어서는 힘이 바로 그것이 아닐지. 이제는 너그러워졌다. 억지로 없애려 하지 말고 최대한 잘 활용해야 할 소중한 나의 강점으로 받아들였다. 완벽주의의 완벽한 재발견이다.

**왼쪽 눈으로 보면 단점이었는데
오른쪽 눈으로 보니 장점이더라**

실제 고객 사진과 종이접기 결혼식 작품

2부

종이접기로 만난
그들의 이야기

종이접기는 전 세계 사람들을 만나게 해주는 징검다리

입양 딸에게
자부심을 선물한 제이미

 종이를 접어 팔면서 다양한 사람들을 만났다. 겉으로 보면 판매자와 구매자요, 한국인과 세계인의 관계이지만 나는 그들 모두를 친구로 삼았다. 작은 스코틀랜드 시골마을에서 그들을 만나는 일은 비즈니스를 넘어 삶의 활력이 되어주었다. 물론 그중에는 더 친밀감이 드는 이들도 있고, '재수 똥 튀긴다'는 생각이 절로 드는 사람도 있었다.

 모든 고객을 친구로 생각하게 된 데에는 숍의 기능에 포함된 메신저가 큰 역할을 한다. 그것을 통해 1:1 맞춤 주문이라는 제품의 특성에 맞춰 고객들과 대화를 자주, 쉽게 할 수 있기 때문이다. 어쩔 때는 제품 문의부터 시작해 몇십 번의 대화를 주거니 받거니 할 때도 있다. 이렇게 만들어 달라, 저걸 붙여줄 수 있겠냐 하며 세부적인 것을 요구하는 경우가 많다.

언제부터인가 사람들이 자신의 이야기를 들려주기 시작했다. 주문하는 게 누구를 위한 선물인지, 어떤 사연이 담겨 있는지 구구절절 알려준다. 내가 모르고 있어도 액자를 만드는 데 상관이 없는 것들을 말해주는 것이다. 맞장구를 치며 "그랬군요!"를 몇 번 하다 보면 시간이 훌쩍 가 버리기도 한다. 거기에다 나의 아줌마 수다 본능이 발휘되는 날이면 고객의 동네에 있는 대학교에 내 사촌이 다녔다는 이야기에 영국 날씨까지 주고받느라 종이 접을 시간이 모자랄 때도 있다.

미국에 사는 미국인 제이미에게 어느 날 문의 메시지가 왔다. 어린이 한복 3개를 한 액자에 넣어줄 수 있겠냐는 질문이었다. 한복 주문이 들어오면 일반 결혼 예복이나 킬트를 만들 때와는 마음가짐이 달라진다. 한국 사람인 내가 다른 건 몰라도 한복만큼은 제대로 접어야 할 것 같기 때문이다. 맨 처음 시제품으로 접었던 한복은 오른쪽 앞자락이 위로 가도록 만들었다. 그런데 확인해 보니 왼쪽이 올라가야 맞는 것이어서 다시 만들어야 했다. 어떤 이는 나의 종이접기를 통해 처음으로 한국 문화를 접할 수도 있기 때문에 섬세한 부분까지 신경 쓰고 싶었다.

 제이미가 보내온 사진 속에는 한복을 입고 있는 꼬마가 셋이 있었다. 남자아이 둘과 여자아이 하나였는데 손주들이라고 했다. 그는 아이들이 입고 있는 한복과 비슷하게 만들어주기를 바랐다. 나는 바로 접어줄 수 있다고 답장을 보냈다. 사업을 시작한 이래 여직까지 한복을 접어 판 것은 스무 번 남짓한 정도다. 그리 많다고는 할 수 없는 숫자이지만 그렇기에 대부분의 사연이 기억에 오래 남는다. 선물을 하는 이가 한국 사람인 경우도 있고, 반대로 받는 이가 한국인일 때도 있었다. 제이미의 경우는 후자였다.
 그는 몇십 년 전 한국인 여자 아이를 입양했다고 했다. 세월이 흘러 아이는 지금 서른여섯 살이 되었단다. 결혼도 하여 자녀가 셋이나 된다고 했다. 얼마 전 막내 손자가 돌을 맞이하게 되어 기념 액자를 주문하고 싶다는 게 제이미의 이야기였다. 사진 속 아이들이 혼혈아인 것으로 보아 사위는 한국인이 아닌 것 같았다. 그런데도 아이 셋이 한복을 입고 찍은 사진을 보니 기분이 묘해졌다. 정작 나는 너무 당연하게 생각해서 지나쳐 왔던 한국의 문화를 미국에 입양되었던 분이 더 잘 챙기고 있는 것 같아 겸연쩍었기 때문이다.

"우리 딸은 항상 자신의 뿌리를 중요하게 생각했어요. 저도 한국인의 정체성을 잊지 않게 해 주려고 노력해 왔고요."

한국인, 뿌리, 정체성. 사실은 해외 살이 13년 차에 내가 우리 아이들을 위해 고민해야 할 단어들이다. 그렇지 않아도 사춘기가 되면 '나는 누구인가! 어디서 왔는가?' 따위를 생각하며 정체성을 찾아간다는데 미국, 영국에서 자란 아이들은 거기에다가 하나가 더 추가되었으니 고민의 과정이 보다 치열할 테지. 하지만 사춘기 엄마는 처음인지라 뭘 어떻게 도와줘야 할지 자주 헤맨다. 넷플릭스에서 방영하는 한국 드라마를 같이 보면서 우리나라의 정서와 문화를 느끼게 해주는 게 지금으로서는 최선이다. 그 덕에 둘째 딸은 한국 사람들이 얼마나 소주를 사랑하는지 매우 잘 알게 되었다

아무래도 나보다는 제이미가 더 잘하고 있는 것 같다. 딸을 입양했을 때부터 지금까지 해마다 딸이 미국에 온 날에 파티를 열어준단다. 미국에 도착한 날도 기념하고, 한국인의 정체성도 지켜주려 노력하는 그가 대단해 보였다.

얼굴 한 번 보지 않은 사이지만 이렇게 사연을 공유한 고객과는 확실히 더 가까워진 느낌이 든다. 내가 만든 작품이 어떤 사람에게 갈 것인지 알고 만드는 것과 모르고 만드는 것은 차이가 있다는 것도 알게 되었다. 받는 이가 행복해할 모습을 상상하면 기분 좋게 작업할 수 있다. 더욱 예쁘게 만들고 싶은 욕심도 생긴다.

제이미 손주들의 한복을 접는 내 손길이 신중해졌다. 손녀의 색동저고리를 만들기 위해 다섯 가지 색깔의 색종이를 5mm 두께로 잘라 팔에 감았다. 손자 한복 앞에 붙은 자수는 전통 문양 색종이를 오려 붙여 표현했다.

고객들이 원하는 건 단순히 종이접기 작품만이 아닐지도 모르겠다는 생각을 한다. 세상에 단 하나밖에 없는 선물을 주문하면서 나름의 의미를 붙이고 진심을 담으며 새로운 스토리를 만들려고 했던 건 아니었을까. 제이미는 한복 액자를 딸에게 선물하며 한국인으로서의 자부심을 전해주고 싶었을 것이다. 그 과정에 나의 종이접기를 선택했다는 것이 그저 고마울 뿐이다. 며칠 뒤 그는 딸이 기뻐했다는 리뷰를 달았다.

영어로 대화를 하는 게 능숙하지만은 않다. 주문 너머의 이야기를 듣다 보면 휴대폰 들고 고등학생 딸에게 달려가 뜻을 물어야 하는 순간이 종종 온다. 하지만 듣고 싶다. 어느 순간부터 나도 그들의 사연과 문화가 궁금해졌다. 공유를 해주면 고마운 일이고 아니라 해도 내가 할 수 있는 한 최선을 다해 종이접기에 진심을 담아내고 싶다. 어머, 나 지금 프로가 되어가는 건가?

고객의 사연까지 담아내는 종이접기
내가 그것을 사랑하는 이유다

여우비가 내리던 날
마크는 말했지

 만세! 만세! 만세! 나의 숍에 왕이 탄생했다. 최다 소통왕 탄생! 바꾸어 말하면 나와 대화를 가장 많이 주거니 받거니 한 고객이다. 그의 이름은 마크다. 액자를 완성하고 배송까지 마쳤을 때 그와 나 사이 메신저 창에는 78번이라는 경이로운 숫자가 모습을 드러내었다. 영혼이 탈탈 털린 기분에 헛웃음이 세어 나왔다. 허허허. 자, 왕 탄생 한 달 전으로 돌아가 보자.

 단풍의 색이 곱게 물들어가던 어느 가을날, 나는 숍의 메신저 창을 뚫어져라 쳐다보고 있었다. 지금 이게 뭐라는 거야. 나에게 캘리그래피로 글자를 써 달라고? 아니, 내 숍 홈에 가면 다양한 종이접기 액자들이 가득한 게 빤히 보일 텐데 어째서 마크는 나에게 글씨를 써달라고 하는 걸까. 황당했다.

더 황당한 건 하필 그때가 캘리그래피 연습을 해 보려고 5종 펜을 주문해서 받은 지 한 달도 채 안 되었을 때라는 것이고 '고객은 왕'이라는 고리타분한 문구가 뇌의 주름 어느 부분에 스쳤다는 점이다. 정신을 차리고 보니 한 번 해보겠노라고 답장을 보낸 메시지가 눈앞에 나타났다.

"내가 원하는 건 이 문구예요. 여우비 a sun shower – the event of having light rain while the sun is shining. 영어로도 써주시고 한글로도 번역해서 써주실 수 있죠?"

여우비라. 살면서 이 단어를 들어본 적은 있어도 내 입으로 써본 적은 없었다. 문학작품 속에서나 나올 법한 단어를 마크는 어떻게 알았을까 궁금했지만 물어볼 여유 따위는 없었다. 난생처음으로 캘리그래피를 해야 했기 때문이다. 굵기 별로 다른 펜을 들고 A4 용지에 '여우비' 세 글자를 쓰기 시작했다. 금세 한 장이 글자로 가득 채워졌다.

쓰는 내내 입이 조금씩 벌어지더니 끝내 다물어지지 않았다. 벌어진 입 사이로 뱃속 깊숙한 곳에서부터 한숨이 세어 나왔다. 뭐라 형언할 수 없는 막막함이 물밀 듯 쏟아져 내렸다. 누가 보면 초등학생 글씨 같아 보일 게 뻔했기 때문이다. 이를 어쩐다. 판매는 둘째 치고 우리 집 벽에 걸어 놓기도 뭣한 수준이었다. 양손으로 얼굴을 감쌌다. 처음부터 못한다고 했어야 했는데, 내가 지금 무슨 짓을 저지른 걸까. 캘리그래피를 하는 영상을 보면 나도 금세 쓸 수 있을 것 같아서 시작한 건데 이상과 현실에는 건널 수 없는 깊고 넓은 강이 흐르고 있었다. 접는 능력과 쓰는 능력은 아무런 관계가 없다는 것이 밝혀진 순간이었다.

마크에게 이걸 어떻게 보여주지. 하늘로 폭발할 것 같은 자괴감을 겨우 붙들어 매고 그나마 나아 보이는 글씨체를 3가지 골라 그에게 보냈다. 어쩌면 마크가 주문을 취소할지도 몰랐다. 그러길 간절히 바랐다.

"음, 지금 글씨체 말고 서예같이 써줬으면 좋겠어요. 동양적인 느낌 있잖아요."

네? 서예요? 마크, 미안해요. 저 사실 글씨 못…… 저는 종이 접는 여자…… 하지만 그는 집요한 데가 있었다. 내가 꼭 해주면 좋겠다는 답변과 함께 어디서 찾았는지 서예 글씨체가 담긴 이미지를 첨부파일로 보냈다. 순간의 매출에 눈이 멀어 할 수 있다고 했던 것의 대가를 치러야 했다. 할 수 없었다. 쌓여 있는 종이접기 액자 주문을 뒤로하고 나는 여우비와 사투를 벌이기 시작했다. 여우비, 여우비, 여우비, 여우비. 얼마나 많이 썼던지 여우마저 꼴도 보기 싫어졌다.

"마크, 이건 어때요?"

"그것보다 아까 게 나아 보여요."

"그럼 그것으로 할까요?"

"흠, 아니요. 설명 문구는 인쇄하고 여우비 세 글자만 펜글씨로 쓰면 어떨까요?"

"네, 그럼 새 종이에 다시 해볼게요."

어느새 마크는 나의 상사가 되었다. 그는 과장, 나는 대리. 글씨체를 결재 받는 심정으로 메신저를 보냈다.

"마 과장님, 이건 괜찮을까요?"

"아니, 안 대리, 이렇게밖에 일 못해? 다시 해와!"

"과장님, 이건요?"

"다시! 오늘은 야근할 각오해."

"과장님, 저 드릴 게 있어요. 이거……."

"이게 뭔가?"

"사직서입니다. 이 일에 책임을 지고 그만두겠습니다."

"그렇다면 바로 전, 전에 보냈던 걸로 결정하지. 사직서는 넣어두게."

  도무지 마크 마음에도, 내 마음에도 드는 글씨를 쓸 수 없을 것 같았다. 지금까지 들인 시간은 수업료 냈다 생각하고 한글 캘리그래피를 쓰는 다른 숍을 소개해 주고 싶었다. 바로 그때 그는 하나를 선택하여 결정을 내렸다. 기분이 좋질 않았다. 결재가 떨어지긴 했지만 스스로가 만족하지 못하니 마음 한구석이 찝찝했다. 되돌릴 수는 없었다. 눈 딱 감고 보내버렸다. 이런 식으로 내 주머니를 챙기다니 마크, 아임 쏘 쏘리. 눈물 주르륵.

  훗날 한 역사가는 이 주문의 사건을 두고 이렇게 기록했다고 한다.

"뻘짓도 풍년이로구나!"

때때로 능력을 넘어선 욕심을 부릴 때가 있다. 내가 가진 재능과 상황을 고려하지 않고 그저 하고 싶다는 마음 하나만 가지고 덤비는 것이다. 희망이 크면 할 수 있다는 마음도 커지는 마법이 펼쳐진다. 마크의 주문이 그랬다. 하지만 돈 받고 하는 일인데 그걸 기회 삼아 캘리그래피를 연습하려고 했던 것은 명백한 실수였다. 글씨를 잘 쓰고 싶었다면 따로 연습할 시간을 마련했어야 했다.

마크가 최다 소통왕이 된 후, 지금 나에게 필요한 건 할 수 있는 것과 할 수 없는 것을 구별하는 능력이라는 것을 배웠다. 할 수 있는 것을 선택하여 집중하고, 없는 것은 과감히 버릴 줄 아는 게 지혜다. 그래야만 선택한 부분에서 만큼이라도 앞을 향해 나아갈 수 있다. 두 주먹을 불끈 쥐었다. 앞으로 손글씨를 써서 팔지는 말아야겠다는 결심이 여우비가 아닌 한여름 장맛비처럼 콸콸 흘러내려 우리 집 거실 바닥에서 출렁거렸다.

우리의 소통왕에게 몇 달 뒤 메시지가 왔다. 한국식으로 된 뾰족한 젓가락을 사고 싶은데 어디서 사야 할지 모르겠다면서 알려줄 수 있겠냐고. 이건 내가 할 수 있는 일이다. 최선을 다해 검색을 하여 아마존에서 3종류를 찾아 링크를 보냈다. 애프터서비스라도 확실하게 해 줘서 어찌나 다행인지.

할 수 있는 것과
없는 것을 구분하는 능력이 지혜다

나타샤 할머니의 조언
"꼭 재미있게 살아라"

"이게 원래 저희 어머니가 제 딸에게 주는 선물인데요, 온라인으로 결제를 못하신다고 해서 대신 해드리는 거예요."

제임스가 한글 매듭 액자를 주문했다. 2mm 두께의 끈으로 전통매듭인 외생쪽 매듭을 지어 네 귀퉁이에 붙인 뒤, 받는 사람의 이름과 메시지를 한글로 써주는 액자다. 종이접기가 주력 상품이기는 하지만 사업 시작할 때부터 가끔씩 팔렸던 제품이라 일부러 내리지는 않았더니 꾸준하게 주문이 들어온다. 그가 써달라고 보내온 문구를 보았는데 한동안 눈을 뗄 수가 없었다. 할머니가 손녀딸에게 해주고 싶은 말이 꼭 그 당시의 나에게 하는 것 같았기 때문이다. 보통의 짧은 문장 하나가 마음을 가득 채웠다.

'나타샤, 꼭 재미있게 살아라. -할머니-'

그맘때 나는 몸과 마음이 지쳐 있었다. 마흔이 넘어가면서 목과 어깨 통증을 시작으로 갖가지 증상들이 신체에 나타나는 바람에 병원을 들락날락해야 했다. 지금도 이런데 앞으로는 어떡하나 하는 걱정을 달고 살다가 건강염려증으로 발전했다. 목 이물감, 심계항진 등의 불안장애 증상을 겪기도 했다. 나만 바라보던 아이들은 사춘기에 접어들었다. 종이접기 사업도 자리를 잡기 전이라 모든 게 불투명해 보였다. 뜻대로 되는 게 하나도 없었다. 날이 갈수록 불안과 초조함이 나를 에워쌌다.

한편으로는 나이 들어가는 것도 인정하지 못했다. 마음은 아직 뭐든 할 수 있을 것 같은 20대인데 외모는 어쩌다 이 모양이 되었지? 하며 과거만 돌아봤다. 날씬했고 사회생활하며 인정받았다고 생각하던 때를. 돌아갈 수도 없는 지난날을 붙잡고 사느라 눈앞에 펼쳐지는 일상의 작은 기쁨 따위는 안중에도 없었다. 타임머신 안에서 살았던 것이다. 그걸 타고 분주하게 과거와 미래를 오가면서 괴로워하지만 현재에는 정차하지 않는 타임머신. 바로 그때 이 메시지를 만났다.

가끔 책 속 문구나 영화 속 대사가 평소와는 다르게 다가올 때가 있다. 그것들이 내가 겪고 있는 특별한 상황과 맞아떨어지면 화학반응 같은 게 일어나는 것 같다. 그럴 때는 흔하디흔한 위로의 말도 구원의 말로 바뀐다. 평범한 문장이 가슴에 와 별처럼 콕 박힌다. 이건 누군가 나타샤네 할머니의 목소리를 빌어 나에게 하는 말임이 분명했다.

"송이야, 꼭 재미있게 살아라."

할아버지나 아버지가 주는 문장이었으면 느낌이 달랐을지도 모를 일이다. 짧은 그 문장에 할머니가 살아온 인생이 녹아 있는 것 같았다. 그녀의 세월이 꼭 재미있지만은 않았을 것이다. 나보다 앞선 시대에 여자로 태어나 살아내야 했을 시간이 만만치 않았겠지. 그러나 살아보니 재미있게 살려고 노력하는 것이 좋겠다고 생각하여 그것을 손녀에게 전해주고 싶은 할머니의 마음은 어떤 명언보다 따뜻하고 강렬했다.

  완성된 액자 사진과 함께 느낀 점을 한 소셜 미디어에 올렸다. 후배 한 명이 댓글을 달았는데, 자기 할머니도 돌아가시기 전에 비슷한 말씀을 하셨다는 내용이었다. "너는 니 하고 싶은 대로 살라"고 했단다. "너도"가 아니라 "너는"이라고 표현한 데서 후배의 할머니는 마음대로 못 살지 않으셨을까 하는 짐작을 해본다. 그런 말씀을 남기신 덕에 후배는 지금 캐나다에서 소신껏 잘 살고 있다고 했다.

  나타샤 할머니의 액자를 만든 이후 나는 그 문장을 삶의 가치로 삼았다. 걱정만 하다가, 한숨만 짓다가 허송세월 하지 말고 입이 찢어져라 웃으며 재미있게 살겠다고 결심했다. 그러기 위해 나이를 인정하는 연습부터 했다. 눈가의 주름? 목주름? 하하, 그건 살짝 겹쳐진 피부에 불과하다. 꼭 하지 않아도 될 일이지만 할까 말까를 고민할 때면 스스로에게 묻는다. "이거 재밌을까?" 고개를 끄덕거릴 수 있다면 돈 되는 일이 아니라도 망설임 없이 시작한다.

할 수 있는 것과 없는 것은 구별하되, 스스로의 능력에 한계는 두지 않는 것, 끊임없이 새로운 일에 도전하고 계속 공부하는 것. 재미있게 살기 위해 내가 실천하고 있는 것들이다. 여러분의 삶의 가치는 무엇일까. 별다른 게 없다면 내 것을 빌려가도 좋다.

<u>과거나 미래 말고 눈앞의 현재에서
꼭 재미있게 살아라</u>

스포츠에 열광하는
그들을 위한 종이접기

    종합운동장에서 "와아!" 하는 함성이 들렸다. 또 시작이군. 때는 1993년. 일명 야자(야간 자율학습) 시간이었다. 그때 나는 고1이었다. 조용히 해도 공부가 될까 말까 했지만 우리 고등학교가 운동장 맞은편에 있었기 때문에 야구 시즌만 되면 시끌벅적한 분위기를 고스란히 받아 안았다. 경기시간은 자주 자율학습 시간과 겹쳤다. 환한 대낮에 해도 될 야구를 굳이 밤에 하다니. 그 탓에 안 그래도 공부가 안 돼서 싱숭생숭한 마음은 자리를 잡지 못하고 두둥실 떠다니던 시절이었다.

    "8회 말이야. 너도 가자!"

함께 야자를 하던 희정과 정은은 서둘러 가방을 싸며 나까지 부추겼다. 야구 광팬인 친구들의 말에 따르면 8회 말부터는 경기장 입구를 지키는 사람들이 사라져 관람표가 없어도 들어갈 수 있다고 했다. 야구라면 경기 규칙도 모르고 관심도 없던 내가 짧게나마 경기를 직접 본 것은 순전히 얘네 덕분이다.

 학교 다닐 때 미술도 못했지만 더 취약한 건 체육이었다. 그냥 못하는 정도가 아니라 눈에 띄게 못했다. 농구공을 던져 골 안에 넣는 시험을 봤을 때 우리 반에서 딱 3명이 단 한 개도 못 넣었는데 그중 하나가 바로 나였다. 철봉에 올라가 앞으로 한 바퀴 구르는 것은 오직 나만 못했다. 체력장은 항상 5급이었다. 상황이 이렇다 보니 체육 시간을 좋아할 리가 없었는데 이것은 내가 직접 하는 것뿐 아니라 보는 것에도 흥미를 잃게 만들었다.

 하지만 희정과 정은을 따라간 그날 경기장의 풍경은 나를 압도했다. 자리를 꽉 채운 관중들, 태어나서 그렇게 많은 사람들을 한꺼번에 본 일이 있던가. 처음이었다. 게다가 밤이라 경기장을 비추는 커다랗고 밝은 불빛 때문인지 눈부시게 펼

처지는 장면은 현실 같지가 않았다. 영화를 찍는 것 같았다. 바로 옆에서 듣는 함성과 응원 소리는 길 건너편 교실에 앉아 듣는 것과는 차원이 달랐다. 야구를 안 좋아하는 나도 흥분시키기에 충분했다. 다들 소리를 지르려고 이곳에 오는 건 아닐까? 하고 결론짓던 밤이었다.

미국 고객인 닉이 메이저리그에서 최고의 명문 야구팀인 '뉴욕 양키스'를 주제로 결혼식 액자를 만들어 달라고 했을 때 나는 그날 밤을 떠올렸다. 단 하루였지만 강렬했던 그때. 어느 팀이 경기를 했는지 기억도 안 나지만 열기만큼은 고스란히 남아있던 날. 그날이 아니었더라면 스포츠에 열광하는 사람들의 심리도, 그것을 액자에까지 담으려는 마음을 이해 못 할 뻔했는데. 닉이 주문한 액자에 들어갈 신랑과 신부 사이에 뉴욕 양키스가 어떤 연결고리의 역할을 했는지는 알 수 없었다. 하지만 분명 이 소리는 있었을 것이다. "와아!"

"어떻게 하면 좋을지는 전혀 모르겠어요. 아이디어를 짜서 보여주실 수 있나요?"

닉은 시작부터 모든 걸 나에게 맡겼다. 액자를 만들기 위해 야구팀의 로고를 출력하여 오려 붙이고 바탕에 줄무늬를 그렸다. 유니폼과 같은 무늬를 연출하고 싶어서였다. 그걸 본 그는 바탕 종이 대신 신랑의 양복을 흰색으로 만들고 그 위에 줄무늬를 그려달라고 했다. A4 용지를 꺼냈다. 30cm 자를 대고 간격을 일정하게 하여 연필로 선을 그었다. 그것을 가로, 세로 15cm로 자른 뒤 양복으로 접었다. 조그맣게 로고를 출력하여 그 위에 붙였다. 어느새 신랑의 정장은 뉴욕 양키스의 유니폼으로 변신했다.

골든 두들이라는 종류의 강아지도 접어야 했다. 털이 복슬복슬한 개라 어떻게 표현할까 고민하다가 생각이 하나 떠올랐다. 아마존에서 배달이 왔을 때 상자 안에 들어 있던 파손 방지용 종이를 구겼다가 폈다. 그것으로 강아지를 접었다. 예상했던 대로 구겨진 패턴이 마치 털 같아 보였다. 앞으로 같은 종류의 동물을 접어야 할 일이 생기면 이 방법을 써야겠다는 결심과 함께 닉의 액자를 완성했다.

닉 말고도 스포츠팬들의 주문을 받은 적이 있다. 그걸 보면 각 나라에서 어떤 운동이 인기가 있는지 알 수 있다. 미국은

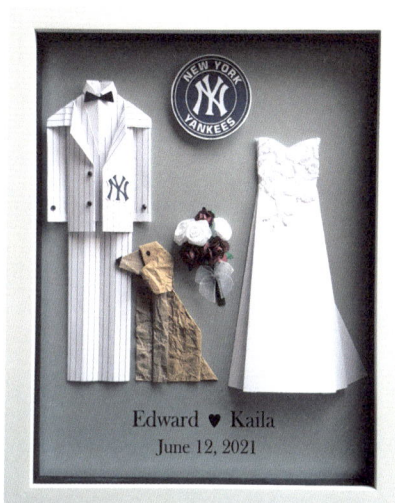

미국 뉴욕 양키스를
테마로 한 결혼식 액자

영국 축구팀을 테마로
한 결혼 축하 카드

야구나 풋볼, 영국은 축구가 대세다. 미국 고객의 경우 응원하는 팀을 테마로 만들어 달라고 한 반면, 영국 고객들은 자신이 속해서 직접 뛰고 있는 팀의 액자를 주문한 적이 많았다.

여전히 스포츠에 푹 빠지는 사람들의 마음을 헤아리지는 못한다. 하지만 그 속에서 만나 결혼하여 같은 팀을 응원하거나 함께 운동을 하는 커플은 이미 1점은 먹고 들어간 것이라 생각한다. 부디 마지막 결승까지 잘 치러내기를. 심판이 휘슬을 불고 옐로카드를 내밀거나 아웃을 선언할 때는 서로에게 버팀목이 되어 주기를. 축제 같은 관중의 함성을 잊지 않기를.

한 팀이 되어 세상을 향해
첫 경기를 펼치고 있는
신랑, 신부를 응원하며

한국전 참전용사에게 한복이 배달되었습니다

런던에서 살다가 스코틀랜드의 수도 에든버러로 이사 온 한국 교회 집사님이 한복 종이접기를 주문했다. 액자 안에 꼭 써주었으면 하는 문구가 있었는데 그것은 'Korea never forgets you'였다. 여기서 말하는 당신은 누구시길래 한국이 잊지 않겠다는 것일까.

"집사님, 이 액자는 어떤 분에게 드리는 거예요?"
"응, 한국 전쟁에 참가했던 영국 분에게 선물하려고요."
"그때 영국인도 참전했다고요?"
"그렇다니까. 스코틀랜드에 한국 참전 기념비도 있어요. 해마다 그곳에서 기념행사도 열리는걸?"

"어, 어, 맞다! 기념비 저희 집에서 20분 거리에 있어요."

이렇게 하찮은 기억력과 이해력을 어디에 써먹으면 좋을지 모르겠다. 영국군이 참전을 했으니 기념비가 세워졌을 테고 우리 집에서 가까운 거리에 있기 때문에 가족들과 산책도 여러 번 다녀왔는데 여태 이것과 저것을 연결시키지 못했던 것이다. 한국 전쟁 하면 으레 미국과 소련이 떠오르는 탓에 영국인이 참여했다는 생각은 아예 하지 않았다.

주문을 받고 난 뒤 검색을 해보니 당시 영국은 미국 다음으로 많은 병사(약 63,000명)를 유엔군의 이름으로 파견시켰다고 한다. 을지로에서 북쪽을 향해 걷다 보면 종로가 나온다는 것을 깨달았던 대학교 1학년 때처럼 두 가지가 연결되고 나니 어쩐지 조금 더 큰 세상을 본 듯한 기분이 되었다.

"그분이 19살 때 한국전을 치렀데요. 해병이었다죠. 지금은 백발노인이 되어 가지구 휠체어 타고 있지만요. 건강도 안 좋으세요. 그나마 살아계신 분들이 얼마 안 계시더라고요."

19라는 숫자에 순간 멈칫했다. 한창 혈기왕성한 나이였을 텐데, 스물도 안 된 청년이 다른 나라의 전쟁에 참여하겠다고 바다를 건넜겠구나. 그때 그는 한국에 가서 무엇을 경험했을까. 추측컨대 전쟁의 추억이 아름답지는 않았을 것이다. 남을 죽이지 않으면 자신이 죽어야 하는 생과 사가 널브러진 전쟁터에서 기쁨, 즐거움보다는 슬픔, 고통이 크지 않았을까. 당시 2,000여 명의 영국군이 죽거나 실종되었다는데 그는 다행히 다친 곳 없이 살아남아 영국으로 돌아왔다고 한다.

결혼식용 한복이었다면 은은한 색깔을 골랐을 테지만 이번엔 밝은 느낌이 잘 표현될 수 있는 화려한 종이를 고르기로 했다. 잔칫집에 어울릴 것 같은 분위기를 내고 싶었다. 전쟁터에서 보았을 암울한 한국의 이미지는 걷어내고 명랑하고 산뜻하게 감사의 마음을 전하고 싶었기 때문이다. 다행히 한국에서 사 온 색종이 중에 원하는 무늬가 있었다. 서체를 고르고 메시지를 써넣었다. 코리아 네버 휘겟 유.

한국 정부 차원에서 7월 27일을 〈유엔군 참전의 날〉로 지정하고 그들을 위해 청와대에서 기념행사를 한다는 기사를 보았다. 하지만 스코틀랜드에 사는 해병대 출신 영국인에게는 그런 행사보다 한국인에게 직접 받은 이 액자가 더 의미 있게 다가오지 않았을까 생각한다. 집사님이 한국을 대표했다.

그가 이 액자를 선물 받고 눈물을 흘렸다는 소식을 전해 들었다.

저도 당신을 기억하겠습니다
이름 모를 용사여

디테일 살려주는
나의 마법 지팡이

　예복, 그 화려함의 끝판 왕을 보았다. 중국, 인도, 네팔 등의 결혼 복장 이야기다. 보통 '결혼식' 하면 떠올리는 새하얀 드레스에 남색 혹은 회색 정장이 얼마나 서구 중심적이며 판에 박혔던 것인지, 종이접기를 하지 않았다면 모르고 살았을 뻔했다. 일을 하면서 만난 아시아, 아프리카의 의상은 지금껏 보아왔던 결혼식 옷에 관한 나의 고정관념을 깨 놓았다. 붉은색을 필두로 하여 펼쳐지는 금, 은, 청 다채로운 색깔의 향연! 하나하나 각 나라 장인들이 수를 놓았을 것 같은(실제로는 공장에서 기계를 돌렸을 지라도) 무늬! 겹겹이 그러나 살짝 비켜가며 우아함까지 쌓은 레이어!

처음엔 오해할 뻔했다. 중국과 인도 사람들은 깐깐하고 요구하는 게 많다고 말이다. 다양한 나라의 결혼식 액자를 만드는 횟수가 늘다 보니 까다로운 건 그들이 아니었다. 단지 그 나라의 전통적인 결혼식 예복이 복잡했을 뿐이다. 종이접기로 담아내기에는 무척 화려하고 아름다웠기에 그것을 조그맣게 만드느라 나도 그들도 신경 쓸 게 많았다.

맨 처음 중국식 결혼 액자를 주문한 건 매기였다. 그녀는 곧 결혼할 아들 부부를 위해 종이접기를 해달라고 했다.
"우리 예비 며느리예요."
매기가 보내온 사진 속에는 키가 큰 금발의 여자가 중국 전통의상인 치파오를 입고 있었다. 한참 사진을 들여다보다가 붉은색 위에 수놓아진 화려하고도 추상적인 문양에 깜짝 놀랐다. 흠, 이건 어떻게 만들어야 한담? 무늬는 종이를 잘 접는다고 표현되는 것은 아니기 때문에 원재료 자체를 제대로 골라야겠다고 생각했다. 고심 끝에 한국 전통 무늬의 색종이를 선택해 드레스 위에 덧붙인 뒤 그녀에게 보여주었다.
"어머, 참 예쁘네요."

오호라, 이렇게 마무리되는 것인가.

"근데⋯⋯ 혹시 이거 봉황 꼬리 그림을 그려줄 수는 없나요?"

그 추상적인 무늬가 새의 꼬리를 나타낸 것이었구나.

"매기, 저는 핵심 포인트만 잡아서 종이로 표현하고 있어요."

"그게 핵심이라서요. 드레스 색깔도 너무 어두워요. 더 밝게 해 주세요."

옷은 예쁘지만 색깔을 바꿔주고 봉황 꼬리도 그려달라는 매기의 요청은 처음부터 다시 해달라는 것과 마찬가지였다. 하지만 어쩌랴. 그것이 핵심이라는데. 내 딴에는 너무 환한 빨간색은 촌스러울 것 같아 일부러 채도가 낮은 색종이를 고른 것이었는데 중국 사람에게는 그것이 아니었던 모양이다.

새 종이를 꺼내 오리고 접어 드레스를 다시 만들었다. 그리고 비장의 무기를 꺼내 들었다. 바로 메탈 펜. 매기의 주문을 받기 며칠 전, 쓸 일이 있을까 하여 우연히 산 것이었는데 이것이 도움을 줄 것이라는 생각이 떠올랐다. 테스트를 한답시고 종이에 그림을 그렸을 때 펜의 메탈 효과가 초등학생 수준의 내 솜씨를 감쪽같이 숨겨 주었기 때문이다. 그때 나는 무릎을 쳤다. 이것이야말로 해리포터의 마법 지팡이에 버금가는 물건이로구나!

숨을 고른 뒤 금, 은, 보라, 분홍 등 펜을 바꾸어가며 사진 속 무늬와 비슷하게 그려 넣기 시작했다. 자칫 실수를 했다가는 드레스를 다시 접어야 했기에 펜을 움직이는 속도가 평소보다 느렸다. 지금은 마법 펜을 휘두르는 시간. 수리수리 마수리 얍. 나의 투박한 손길이 지나가는 자리마다 가늘고 반짝이는 선들이 조화를 이루며 새 피조물을 탄생시켰다. 0.7mm짜리 메탈 펜은 봉황 꼬리를 표현하기에 안성맞춤이었다.

20여 분 후가 흘렀다. 참았던 숨을 시원하게 내뱉고 나니 새가 한 마리 하늘로 날아오르는 게 아닌가. 그것도 꼬리만. 결과는 성공적이었다. 가까이 들여다보면 삐뚤 빼뚤인 그림이 30cm 정도 떨어뜨려 놓고 보니 제법 멋지게 보였다. 매기 눈에도 그렇게 보였다는 것이 가장 다행이었다.

"오 마이 갓! 드레스가 꼭 맘에 들어요! 결혼식 끝나고 피로

연 때 이 액자를 테이블에 올려두려고요. 하객들이 모두 볼 수 있게요."

액자를 만들면서 옷이나 동물의 디테일을 살리기 위해 여러 가지 재료를 사용한다. 조그만 스티커나 리본, 레이스, 작은 구슬, 금이나 은으로 된 얇은 체인, 미니어처 꽃 등등. 딸아이가 쓰던 48색 색연필이나 24색 수채화물감은 요즘 내가 더 자주 쓴다. 그런데 A라는 디테일을 표현할 때 B라는 단 하나의 도구만이 효과를 발휘할 때가 있다. 중국, 인도 결혼 예복의 화려한 무늬를 그리기 위해 사용하는 0.7mm 메탈 펜처럼 말이다. 두께가 달라져서도 안 된다. 딱 그 두께의 그 펜만이 나타낼 수 있는 고유한 효과가 있기 때문이다.

중국 결혼식 복장

절대적인 단 하나의 도구를 찾는 일은 때때로 글쓰기와 비슷하다. 내 생각을 정확하게 나타내는 문장을 만들기 위해 가장 적합한 단어 하나를 선택하는 일과 같다. 다른 어휘로는 절대 대체될 수 없는 그 순간의 독보적인 단어가 있다. 그리고 단어든, 도구든 '바로 그 단 하나'를 찾았을 때의 기쁨은 말할 수 없이 크다. 오늘도 나는 단 하나의 마법도구를 찾기 위해 두 눈을 얼굴보다 크게 뜨고 두리번거린다.

디테일 살려주는

메탈 펜 같은 사람이 되고 싶다

방글라데시 결혼식 복장

인도 결혼식 복장

네팔 결혼식 복장

인도 시크교 결혼식 복장

한 장짜리 매뉴얼의 승리

 강한 놈을 만났다. 아, 정정한다. 강한 님을 만났다. 고객님인데 놈이라 할 수는 없지. 프랑스인인 그분의 이름은 제네비브다. 스스로를 완벽주의자라 소개한 그녀는 자신의 1주년 결혼기념일 액자를 주문을 한 뒤 MS워드로 만든 제작 매뉴얼을 첨부했다. 회사를 그만둔 후 문서로 된 지시사항을 전달받을 줄은 몰랐다. 열어보니 한 장짜리 문서에는 신랑 신부의 이름으로 쓸 서체와 글자 크기, 배경이 되는 종이는 은색 말고 은은한 하얀색으로 해달라는 내용이 담겨 있었다. 거기서 끝이 아니었다. 신랑의 정장은 진한 남색, 드레스 모양은 부드러운 곡선처리가 된 인어의 모양인데 아주 약한 핑크빛이 들어가게 만들어 달라고 했다.

맞춤 주문을 하는 고객들은 극단적인 경우가 있다. 어떤 사람은 사진만 보내고 "당신만 믿겠으니 알아서 다 접어주세요."라는 자세로 맡겨버리는 이들이 있는가 하면, 또 다른 이는 세세하게 원하는 모습을 알려준다. 대개 주문 창에 입력하거나 메신저로 전달하곤 한다. 제네비브처럼 문서로 준 경우는 그때가 처음이자 마지막이었다.

1번에서 5번까지 번호가 달린 매뉴얼대로 모두 만들고 나서 그녀에게 최종 확인을 요구하는 메시지를 보냈다. 답신을 기다리는 동안 가슴이 조마조마해 죽는 줄 알았다. 완벽주의가 있는 사람들은 디테일에 신경 쓰기 마련이고 꼼꼼함이 하늘을 찔러 웬만해서는 오케이 하지 않을 것 같았기 때문이다. 내가 그랬으니까. 어쩐지 처음부터 작업을 다시 해야 할 것 같은 불길한 예감이 온몸을 휘감고 있었다. 그녀의 답장이 도착했다.

"당신 능력은 최고군요. 다 좋아요!"

제가 잘 들은 거 맞나요? 진심이신가요? 예상외였다. 한 번에 작업이 끝났다. 보통 두세 번은 왔다 갔다 하면서 자잘한

수정 작업이 있기 마련인데 단칼에 끝이 나 버렸다. 최종 마무리를 위해 드레스와 양복을 배경 종이에 붙이는 나의 손길이 깃털처럼 가벼워졌다. 작업 시간도 빨랐고 며칠 후 리뷰 역시 금세 달렸다. 메르씨, 제네비브!

  로렌을 만난 건 바로 몇 주 전의 일이다. 미국에 사는 그녀는 여동생의 결혼식 액자를 주문했는데 원하는 게 무척 많았다. 그럴 수 있다. 비싼 금액을 들여 구매한 결혼 선물이니 얼마든지 원하는 걸 요구할 수 있다. 나 역시 내가 할 수 있는 범위 내에서는 최선을 다해 고객이 원하는 바를 맞춰주고 싶다.
  문제는 그녀의 방식이었다. 주문할 때는 사진 9장만 보내주었을 뿐인데 1차 완성품을 확인하고 난 뒤부터 그동안 경험해 보지 못한 신세계를 보여주었다. 보냈던 사진을 또 보내고 거기에 다른 것도 보태 30장도 넘는 사진을 보냈다. (다른 고객은 2~3장이 끝이다.) 이메일과 메신저 두 군데를 두서없이 사용했다. 바꿔달라는 내용은 앞뒤 설명까지 달아 몇 편의 에세이 수준이었다. 그걸 읽으며 드는 생각은 오직 하나. 하기 싫다!
  질려버렸다. 뭘 어떻게 해달라는 건지도 한 번에 그려지지 않았다. 밀린 주문이 쌓여 나를 째려보고 있는데 걔네들을 놔두고 로렌의 이메일과 메신저를 다시 들여다볼 생각을 하니 머리가 지끈지끈 아프기 시작했다. 어찌어찌하여 줄고 예정일을 일주일이나 넘기고서야 액자를 보냈다. 최다 소통왕 마크의 자리는 로렌이 가져갔다. 100번을 가뿐히 넘겼으니.

제네비브와 로렌은 요구사항을 전달하는 방식이 극과 극이었다. 별도 문서를 첨부했지만 간단명료하게 알려준 제네비브, 이메일과 메신저 몇십 개를 통해 한 말 또 하고 안 해도 될 말까지 전달한 로렌. 당연한 결과지만 전자의 경우가 일하기도 훨씬 쉽고 결과물에 대한 고객 만족도도 높았다. 로렌은 자신이 부탁했던 말조차 번복을 했던 탓에 나와의 소통도 원활하지 않았다. 한 장짜리 매뉴얼이 이겼다. 그것도 압도적인 승리다.

살면서 나는 어떤 종류의 인간이었을까 돌아본다. 머릿속으로는 제네비브처럼 하려고 마음을 먹지만 실제로는 로렌 같지는 않았는지. 특히 남편이나 아이들에게 원하는 것을 말할 때 '요점만 간단히'보다는 이 말하다가 저 말하고 같은 말 반복하면서 상대의 진을 빼놓은 적은 없었는지. 자꾸만 반성하는 마음이 드는 걸 보니 아무래도 로렌 쪽에 가까웠던 것 같아 눈길이 발아래로 내려간다.

로렌의 액자를 만들면서 확실히 알게 되었다. 무언가를 요청할 때는 잘 빼는 요령이 필요하다는 것을. 하고 싶은 말이 10개라도 그중 가장 핵심은 무엇인지 가려내고 나머지는 과감히 빼내야 한다. 골라낸 것은 가능한 한 구체적이되 짧은 문장으로 전달한다. 10개를 모두 말하려다가는 아무 결과도 얻지 못할 가능성이 크다. 깨달았으니 실천해야지. 오늘 밤 둘째 딸에게 해야 할 말은 원래 이거였다.

"지금 이 방 꼴이 뭐야. 귀신 나오겠다. 발 디딜 틈도 없잖아. 너는 이런 방에서 숨이 쉬어지니? 언제쯤 방을 잘 치우는 어린이가 될까? 책을 이렇게 두면 다 망가지지. 이 옷들은 빨아야 하는 거야 빨아 놓은 거야? 레고 밟으면 얼마나 아픈 줄 알아?"

너무 길다. 다 빼자. 핵심만 담자.

"딸, 방바닥에 놓인 옷 중 빨 것만 골라서 세탁기에 넣자."

이렇게.

진상 고객조차 나에게 큰 가르침을 주다니 스승은 사방에 계시는구나. 땡큐, 로렌!

뺄셈을 잘할수록 빛이 나는 말하기 기술

사람들은 왜 결혼식 옷에 의미를 둘까?

아무리 떠올리려 애써도 기억이 가물가물하다. 내가 결혼할 때 어떤 드레스를 입었더라? 드라마의 한 장면처럼 웨딩숍에서 추천해주는 것을 여러 벌 입어봤고 그중에 하나를 고르긴 했는데 정작 뭘 입고 결혼했는지 전혀 생각이 안 난다. 물론 웨딩앨범을 뒤적이면 바로 확인할 수 있지만 뭐, 그렇게까지 할 일인가 싶다. 어차피 내 옷도 아닌 것에 애정 따위는 처음부터 주지 않았으니. 남편이 은갈치 정장을 입었던 것은 기억난다. 우리 엄마가 첫 사위에게 선물한 맞춤양복이었기 때문이다. 옷장에 아직도 걸려 있다.

그래서 처음엔 이해가 되지 않았다. 고객들이 왜 나의 결혼식 예복 종이접기 작품을 좋아하는지 말이다. 내 눈에 예뻐 보여서 시작은 했지만 진짜 팔리고 나니 무척 기뻤으나 한편으로는 궁금해지기 시작했다. 대체 이게 뭐라고 돈을 주고 주문을 할까. 나는 내가 입었던 드레스 기억도 안 나는데. 그들을 이해하고 싶었다. 고객을 제대로 알아야 다음 단계를 오를 수 있을 것 같았다. 여러 나라에 퍼져 사는 한국인 지인들에게도 물어봤고 가끔은 고객들에게도 물어봤다.

그러자 우리와는 다른 그들의 문화가 보였다. 모든 나라가 그렇지는 않겠지만 영국, 미국, 유럽 등의 나라에는 드레스 대여점이 없단다. 그들은 결혼할 때 입을 옷을 빌리지 않기 때문이다. 그러면 어떻게 하느냐, 방법은 여러 가지다. 새 걸 산다, 중고품을 산다, 직접 만든다 등등. 구매를 해도 가격대가 다양하기에 비싸지 않은 가격에도 살 수 있다고 한다.

이 중 가장 정감 어린 것은 어머니나 할머니의 드레스를 물려 입는 것이다. 보관 상태만 좋다면 얼마든지 손을 봐서 입을 수 있다. 몇 달 전 어느 기사에서 한 미국 여성이 63년이 지난 할머니 옷을 입고 결혼했다는 내용을 보았다. 드레스를 많이 보고 만들어 본 경험에 비추어 보자면 기사 속에 나온 디자인은 확실히 요즘 것은 아니었다. 그렇기에 더욱 독창적으로 보였다. 빈티지 느낌이 물씬 풍겨 우아했다.

그들에게 결혼식 옷은 단순히 옷 자체가 아니었다. 그것을 조그맣게 종이로 접은 액자를 잘 보이는 벽에 걸어두면 볼 때마다 인생에서 가장 행복한 순간 중 하나를 떠올릴 수 있는 매개체가 될 터였다. 그래서 결혼 선물용으로도 인기가 좋지만 결혼기념일 선물로도 많이 나간다. 25년 기념일, 30년 기념일의 옷을 주문한 고객도 있다. 그것을 만들면서 나는 몇십 년 전 영국의 웨딩드레스 스타일도 배웠다. 요즘 드레스는 가슴 부위가 깊게 파인 게 많은데 옛것은 대개 노출이 적고 긴 팔이었다. 길이도 짧았다. 현대적인 드레스가 더 화려하고 디자인이 다양한 편이지만 아름답기는 매한가지다.

신기한 건 종이접기 주문을 하는 고객들 중 남성 고객이 6~70%가 넘는다는 사실이다. 핸드메이드 마켓의 80%가 여성 고객이라는데 내 숍은 좀 다르다. 남자들이 아내에게 주는

30주년
결혼기념 액자

50주년
결혼기념 액자

평상복 결혼기념 액자

한복 결혼기념 액자

기념일 선물로 가장 많이 나간다. 세상엔 로맨틱한 남자들이 이렇게나 많은 것이다! 우리 부부의 열여덟 번째 결혼기념일을 눈앞에 두고 있는 시점에서 남편에게 혀 짧은 소리로 물었다.

"여봉, 이번 기념일 때는 머 선물해 줄 꼬얌?"

그는 패기 넘치게 대답했다.

"나도 여보네 숍에서 종이접기 액자 주문하려고."

"뭐, 뭐야, 그럼 내가 만들어야 하잖아!"

"그렇지. 돈은 낼 거니까 걱정은 하지 마!"

짧아졌던 혀가 금세 길어졌다. 작고 반짝이는 무언가가 맘 속에 맴돌다가 재빨리 사라졌다. 나에게 종이접기를 시킨다고? 아서라, 빌린 옷 만들어서 뭐하게. 의미 없다. 의미 없어. 혹시 또 모르지. 남편이 왕 두꺼비 손으로 직접 만들어 준다면 없던 의미도 착착 생길지. 여보, 색종이 가져다줄까? 내 말 듣고 있어? 이 글 읽고 있는 거야? 종이접기 시작한 거지?

우리와는 다른 그들의 문화를 엿보다

3부

종이를 접다가 나답게 사는 법을 배우다

종이접기는 어떻게 살아야 하나라는 질문에 꿀팁을 전해주는 등대

나답지 않게 그리고 나답게

"왜 이래, 너답지 않게."

드라마 단골 대사다. 그러면 상대는 또 이렇게 발악하겠지.

"나다운 게 뭔데!"

과연 나다운 게 뭘까 고민한 적이 있다. 그것이 뭐라고 여기저기서 나다움을 찾으려 하는 걸까. 요즘 인기 있는 책들을 보면 이것에 관한 게 많다. 나는 나다움을 조금 다른 쪽으로 생각한다. '나답다'는 것은 그동안 해왔던 행동방식, 언어습관을 계속 유지할 때 할 수 있는 말이 아닐까 싶다. 나와 다른 이에게 익숙해질 대로 익숙해진 삶을 향한 태도 같은 것 말이다. 그것을 기준으로 드라마 대사를 다시 써 보았다.

"왜 이래, 네가 했던 데로 행동해야지, 익숙하지 않아서 적응이 안 되잖아!"

이렇게 생각하니 앞으로는 나답게 살지 않겠다는 결론에 다다랐다. 그동안 나답게 살아왔기 때문에 껴안고 산 문제가 어디 한둘인가. 실패가 두려워 시작도 못하고, 남들 눈치 보느라 내 생각을 감추고 살아 속병 들고, 선택 앞에 항상 망설이고, 해야 할 일은 끝까지 미루다 기한을 넘기는 사람이 나였다. 대충 따져 봐도 어른이 된 후 20년 이상을 그렇게 살았다. 내가 만약 마감일이 한참 남았는데 글을 써서 보냈다면 받는 이는 이런 생각을 할 것이다.

"오, 너답지 않게 빨리 썼네?"

그렇다고 나답게 살고자 하는 사람들의 마음을 이해 못 한다는 건 아니다. 그 속에는 모두가 정답이라고 하는 길로 가느라 '내가 원하는 나의 모습'을 버려야 했던 사람들이 외치는 소리가 담겨 있을 테다. 각자의 꿈, 개성 같은 건 무시한 채 현실과 타협하느라 외면해야 했던 삶의 방향이 있었을 것이다. 결론적으로 우리는 이 둘을 합쳐해야 한다. '나다운 고유함'과 '나답지 않은 새로움'을 접목해야 한다.

나다움을 찾는 게 쉽지 않다고 말하는 이들이 있다. 당연히 어렵다. 그 이유를 두 가지로 꼽아보자면 우선 나다움은 고정된 게 아니라 계속 움직이기 때문이다. 아무리 대쪽 같은 일관성을 가진 사람이라 해도 나이가 들고 주변 상황이 바뀌면 변하기 마련이다. 예전엔 옳다고 믿었던 것도 가치관이 달라지면 지금은 그르다고 판단할 수 있다.

어릴 때 미역국을 싫어했다. 물에 빠져 푸석해진 소고기를 씹는 게 싫었고 국 자체의 맛도 별로였다. 그런데 어른이 되어 먹다 보니 점점 좋아져서 요즘은 즐겨 먹는다. 호박나물도 결혼하고 나서야 맛을 알게 되었다. 식성은 생각보다 자주 바뀌었다.

일하는 습관도 달라졌다. 나는 밤에 뭔가를 하는 게 능률적인 사람이었다. 오전 시간은 잠이 안 깨서 뭘 해도 잘 되지 않았다. 하지만 언제부터인가 아이들이 학교 간 직후부터 점심을 먹기 바로 전까지의 시간이 일하는 데 효율성 높은 황금 시간대로 바뀌었다. 요즘은 그 시간에 가장 중요한 일이나 빨리 끝내야 할 업무를 한다.

대학교 다닐 때는 후배들에게 "첫 잔은 원 샷!"을 자주 외쳤다. 그게 멋있어 보였고 함께 취하고 싶었다. 생각이 바뀌었다. 술은 주량껏 알아서 먹어야 한다. 젊은 시절의 나에게 달려가 머리를 한 대 꽁 쥐어박고 싶다.

식성도, 일하기 좋은 시간도, 습관도 모두 달라졌다. 과거의 나다운 모습을 한데 모아 보면 미역국을 안 먹고, 밤에 피는 장미에, 술을 많이 먹이는 선배의 모습이었다. 지금은 정반대의 모습이 나답다. 상황이 이러니 헷갈릴 만도 하다. 도대체 나다운 게 뭔지, 뭐였는지.

그것을 찾기가 어려운 또 하나의 이유는 나다움을 찾는데 오랜 자기 탐구의 시간이 필요하기 때문이다. 나라는 사람이 무얼 좋아하는지, 어떤 장점과 단점이 있는지, 관심사는 무엇인지 등을 제대로 알아야 나다움을 찾을 수 있다. 늘 속도전에 치이는 우리는 그럴 여유가 없이 살았다. 목적의식적으로라도 자신과 대화를 시간을 꼭 만들어야 하는 일이다.

종이접기는 매우 나답지 않은 일이었다. 예체능에 젬병이었던 내가 만들기라는 항목으로 돈을 벌게 될 수는 없을 거라 생각했다. 하지만 막상 시작을 하자 그 어떤 것보다 나다움이 묻어나는 일이라는 걸 깨닫는다. 온라인에서 만나는 것이지만 전 세계 사람들과 소통하는 것은 매우 즐겁다. 사람을 만나면서 힘을 얻는 외향인인 내가 스코틀랜드에 살면서도 그럴 기회를 찾다니 이건 행운이다. 그랬기에 지금껏 계속 해올 수 있었다. 마음이 간사해 늘 새로운 일만 찾아 나서는 나였음에도 불구하고. 게다가 스스로 하찮다고 여겨온 나의 아티스트로서의 능력(?)을 알아차리지 않았나. 이제는 누구에게도 내 손은 똥손이라 말하지 않는다.

주변 지인 중에 새로운 도전 앞에 망설이는 이가 많다. 그들이 하는 말은 비슷한데, "이거 한다고 나중에 잘 되리라는 보장이 없으니 용기가 안 난다, 시간 낭비할 것 같다"는 것이었다. 경쟁은 어디서나 치열하다. 나이가 너무 많은 것 같고, 막차를 잡아 탄 것 같아 섣불리 출발하기가 겁나기도 할 것이다. 하지만 누가 알겠는가. 성공할 수도 있고 실패할 수도 있다. 그건 직접 가 본 사람만이 알 것이다. 우리는 최대한 여러 갈래 길이 있는 것을 공부하고 그중 가장 마음에 와닿는 것부터 시작해볼 도리밖에는 없다. 신도 아닌데 미래는 아무도 모른다. 일단 시작을 하면 의외의 곳에서 나다움을 찾을 수도 있다.

《끝까지 쓰는 용기》라는 책에서 작가 정여울 님은 "용기를 내어 일을 저지르고 나면 용기가 본래 나에게 있었던 게 아니라 그 일을 해냄으로써 그 용기가 나에게서 태어났다는 걸 깨닫게 된다"고 했다. 글쓰기에 관한 책이었지만 우리의 삶 어디에나 적용되는 내용이라 기억에 남는다. 나도 그랬다는 걸 알아차렸다. 종이접기 사업은 용기가 있어서 시작한 게 아니라 시작하고 나서 용기를 쥐어짰다.

   정지된 삶의 순간은 없다. 어디로든 흐르게 마련이다. 물길을 어느 방향으로 내느냐, 마느냐는 각자가 할 일이다. 그 길을 만드는데 긍정의 나다움은 끌고 가되, 부정의 나다움은 새로운 모습으로 탈바꿈하여 조화를 만들어 가다 보면 분명 삶의 재미도 찾을 것이라 믿는다. 그런 날이 늦게 오더라도 조급해지지는 않으려 한다. 한 자리에 머물지 않고 한 발 한 발 내뻗는 순간의 희열을 만끽하면서, 갑자기 튀어나오는 고통의 순간조차 겸허히 받아들이며 가면 될 일이다. 어제보다는 오늘, 오늘보다는 내일의 내가 조금 더 단단해지기를 바란다.

나다운 고유함과
나답지 않은 새로움을 접목할 것

행복의 유통기한

고객들이 보내오는 결혼사진 속 인물들은 어느 누구를 막론하고 환하게 웃고 있다. 서로를 쳐다보며 세상 전부를 다 가진 것 같은 표정을 짓는다. 잡지 표지에나 나올법한 포즈를 취하기도 하고 입을 너무 크게 벌리고 웃는 통에 파리라도 한 마리 들어갈 것 같다. 가만 보고 있으면 내 입 꼬리도 함께 올라간다. 행복은 전염된다. 인생의 큰 변화를 맞이하는 순간, 새 세상이 시작되는 순간을 나눠주는 그들이 있어서 무척 고맙다. 그런데 한편으로는 꼰대 같은 생각이 불쑥 끼어든다.

"참 조오을 때다."

고객님들, 한 번 살아 보세요. 결혼 생활이 그렇게 호락호락하지만은 않을 걸요? 나와 다른 환경에서 자란 사람과 한

집 살다 보면 여러 가지로 부딪힐 거랍니다. 힘겨루기 신경전이 벌어질 수도 있어요. 게다가 애라도 하나 낳으면 유후! 완전 딴 세상이 열리지요. 시댁, 처가는 다들 마음에 드시나요?

주절주절 생각을 이어가다 보면 지금 내가 뭐 하고 있나 싶어서 혼자 실소를 터뜨린다. 비록 상대는 알아차릴 수 없지만 앞으로 만들어야 할 결혼식 종이접기 액자에 축하의 마음을 가득 담기 위해 '내가 살아보니'의 생각을 덕담으로 바꾸기로 한다.

고객님들, 아름다운 사진을 공유해주셔서 감사합니다. 얼마나 기쁘셨을까요. 그 순간의 즐거움을 마음껏 즐기시길 바라요. 왜냐고요? 모든 행복에는 유통기한이 있기 때문이지요. 그래서 신선한 것일수록 좋아요. 어제의 행복이 오늘과 내일까지 이어지리란 법이 없답니다. 지난 행복이 아쉬워서 끌어와 쓰려고 하다가는 오늘 새롭게 주어진 행복을 맛보지도 못하고 날려 보낼지도 모릅니다. 지금 누려야 할 행복은 마음껏 누리고 하루를 건너가셨으면 해요.

그거 아시죠? 행복과 행복 사이에는 틈이 있어요. 그 사이로 갖가지 불행과 슬픔, 고통도 찾아올 거랍니다. 지금 여러분이 바라보고 함박웃음 지었던 바로 그분들과 대판 싸우게 될 수도 있어요. 하지만 그런 것들 또한 유통기한이 있어 언젠간 사라질 수도 있으니 지금부터 걱정하실 필요는 없어요.

아참, 이 조언은 하나 해드릴 수 있겠네요. 훗날 그런 날이 온다면 제가 만들어드린 종이접기 액자를 한번 바라봐 주세요. 행복의 순간을 날카롭게 접어 넣어드렸잖아요. 그거 보시면서 그런 시절이 있었다는 걸 떠올려 주세요. 사실 이건 비밀인데, 행복감이 오래도록 유지되라고 방부제도 썼답니다. 제 마음으로 만든 천연 방부제라 인체에는 해가 없지만 먹지는 마세요. 아, 눈에 보이지 않아 먹고 싶어도 못 먹겠군요.

덕담이라 해도 쓰다 보니 '라떼는 말이야'처럼 들리는 건 어쩔 수 없네요. 결혼 생활 19년 차가 하는 말이라 그런가 봐요. 넓은 아량으로 이해해 주시겠죠? 영국, 미국을 비롯하여 전 세계 각지 고객님들, 부디 저의 종이접기 작품과 함께 오래도록 행복하시길 바라요!

오늘 주어진 행복은
모두 쓰고 내일로 넘어갈 것

저마다의 무늬,
그들이 만들어내는 최상의 조화

작고 예쁜 걸 좋아한다. 팬시 용품점에 가면 항상 눈이 돌아간다. 수첩, 스티커, 학용품 같이 실용적인 것도 좋아하지만 꽃, 리본, 조그만 천 조각처럼 평소에는 필요하지 않은 것에도 관심이 크다. 하지만 늘 구경만 하다가 끝이 나곤 했다. 쓰지도 않을 건데 예쁘다고 사다가 장식장에 쟁여놓을 수는 없었기 때문이다. 장식장을 놓고 살만큼 집이 크지도 않았다.

종이접기를 시작하고 나서 좋은 점은 작고 예쁜 것을 맘껏 살 수 있다는 것이다. 작품의 재료라는 명목을 달면 가능하다. 당장 머릿속에 구상하고 있는 게 없다 해도 창작물을 만들기 위해서는 눈에 보이는 재료의 후보군이 필요하기 때문이다. 그래서 엄지손톱만 한 가짜 꽃도 사고 손가락 반의 반 정도 되는 금색 집게, 화려하게 칠해져 있는 단추, 각양각색의 레이스나 리본 등도 샀다.

그중에서도 다양한 무늬의 종이는 원 없이 사서 모았다. 작품을 만들 때 쓰려면 아무 종이나 사면 안 된다. 쉽게 접을 수 있는 종이를 사야 하기 때문이다. 흔히 마트에서 파는 어린이용 색종이는 60gsm이다. 이것이 접었을 때 가장 예쁜 결과가 나오는 종이의 무게 수다. 일반적으로 우리가 쓰는 A4 용지는 80gsm인데 그럭저럭 접을 만하다. 하지만 100gsm이 되면 겹치는 부위가 많아졌을 때 힘을 많이 들여야 한다. 손가락 아프다. 반대로 40gsm이면 너무 얇아서 구김이 쉽게 가기 때문에 집중하여 조심스럽게 접어야 한다. 작업을 마치고 나면 피로감이 몰려온다.

일일이 무게를 확인하고 마음에 드는 색과 무늬의 종이를 고르는 일은 아주 즐겁다. 어쩔 때는 사지 않고 그저 구경만 해도 시간이 훌쩍 간다. 이 세상에는 예쁘고 아름다운 수많은 종이가 있다. 기하학적인 무늬가 반복되는가 하면 그림 하나가 한가운데 그려진 종이도 있다. 붉은색이라고 해도 브랜드마다 차이가 있기 때문에 원하는 색깔을 찾아 헤매다가 딱 발견하는 날이면 아드레날린 분비가 솟구친다. 폴짝폴짝 뛰고 싶은 기분이 든다.

그중에서도 가장 즐거운 일은 다양한 무늬의 종이를 두 세 장씩 맞춰서 작품을 만들어내는 일이다. 강아지, 라마, 고양이 같은 동물을 한 쌍으로 만드는 결혼 축하 카드는 어떤 종이를 조합하느냐에 따라 느낌이 180도 달라진다. 이렇게 대보고 저렇게 더해보다 보면 어느 순간 최상의 조합을 만들어내는 종이 두 장이 내 손안에 들어온다. 그것을 곱게 접어 갖가지 동물을 만들어 카드 제품을 출시했다.

한 번은 라마 카드를 주문받았을 때 두 마리 중 하나의 종이가 똑 떨어진 적이 있었다. 내 딴에는 비슷한 색깔, 비슷한 무늬를 골라 접어서 배송까지 마쳤는데 나중에 그걸 확인한 고객이 심하게 화를 내며 반품을 요구해왔다. 정확히 숍에 올라와 있는 그 패턴의 종이 라마를 원했는데 그것과 다르다는 것이 이유였다.

 아차 싶었다. 종이를 바꾸려면 미리 고객에게 양해를 구했어야 했다. 만약 내가 고른 종이를 고객이 별로라고 하면 다른 것을 보여주며 원하는 무늬를 함께 찾았어야 했다. 그 과정을 빼먹은 건 나의 실수다. 제품 비용은 물론이고 미국까지 빠른우편으로 보내느라 썼던 6만 원을 모두 환불해줬다. 마음이 쓰렸지만 이 경험을 통해 각기 다른 종이 무늬 조합의 중요성을 또 다시 새기게 되었다.

 다양한 종이가 가장 적절한 조합을 만났을 때 멋진 작품이 나오듯, 인간관계도 마찬가지다. 40년이 넘는 시간을 살면서 나와 결이 비슷한 사람도 만나고 전혀 다른 사람도 만났다. 처음 봤는데도 통하는 게 많아 재빨리 친해지는 이가 있는가 하면, 오래 알고 지냈어도 가까이하고 싶지 않은 사람도 있다. 나는 그것이 사람마다 가진 고유한 무늬의 조합이 잘 맞는지, 안 맞는지의 문제라고 생각한다. 무늬가 비슷해야만 잘 맞는 건 아니다. 완전히 달라도 두 개를 함께 붙여 놨을 때 얼마든지 잘 어울릴 수 있다.

젊었을 때는 모든 무늬의 사람과 잘 지내고 싶어서 애를 썼다. 예를 들어 대학교 동아리 모임이 끝나고 뒤풀이 후 집에 돌아가면 30명도 넘는 선후배들에게 일일이 삐삐로(그렇다. 나는 삐삐 세대였다!) 음성 메시지를 남길 정도였다. 친한 사람을 한 명이라도 더 만들고 싶었다. 그러기 위해 사람마다 갖고 있는 다양한 무늬에 내가 맞추는 수밖에 없었는데 그 과정에서 자주 마음을 다치는 일이 생기곤 했다.

나 또한 다른 방식으로 여러 사람에게 상처를 줬을 것이다. 하루에도 모임이 2, 3개씩 되었는데 다 참가하고 싶어서 시간을 쪼개 썼다. 첫 번째 모임에 갔다가 인사하고 일찍 일어난 뒤 두 번째는 늦게 도착하는 식으로. 사람들은 내게 자주 물었다. "너에게 우리는 몇 순위야?" 당연히 1순위라고 답했다. 20대의 나는 전부가 최우선인 줄 알았으니.

모두와 잘 지내기란 애초에 불가능한 일이라는 걸 나이가 들면서 깨달았다. 어떤 무늬와도 잘 어울리는 종이는 하얀색이다. 흰색인 사람은 이 세상엔 없다. 흰색이 되려고 하다가는 찢어지고 말 것이다. 인정해야 한다. 자기가 가진 색과 무

늬를. 그것을 잘 간직하며 원하는 대로 가꾸어 가되, 나의 무늬와 어울리는 사람을 찾아 그 관계에 집중하는 게 바람직하다. 긍정의 관계만 가져가기에도 우리 인생 더럽게 짧으므로. 맞지 않는 사람에게까지 신경 쓰다가 기운을 빼면 소중한 관계에 쓸 기운은 사라진다.

연분홍 바탕에 그것보다 더 진한 분홍의 꽃이 활짝 깔리고 사이사이 밝은 초록빛의 이파리가 내려앉은 무늬. 화려하진 않지만 화사하고 생명력이 느껴지는 무늬. 내가 생각하는 지금 나의 무늬. 이것과 어울리는 사람들 여기, 여기 붙어라!

**나와 무늬가 잘 맞는 사람을 찾아
그 관계에 집중할 것**

선택과 집중의 다른 이름

 종이접기 사업을 하면서 여러 번 악마의 목소리가 들렸다. "다른 것도 팔아봐. 돈을 더 많이 벌 수 있을 거야. 네가 해보고 싶다던 그것들 있잖아-아-아-" 그 소리가 어찌나 달콤하던지 유혹을 이겨내지 못했다. 종이접기를 파는 숍에 마크라메 매듭으로 만든 벽걸이 장식품, 비즈로 만든 팔찌, 귀걸이 등을 올리기 시작했다.

 방금 쓴 문장을 돌아보자. "올리기 시작했다"는 겨우 일곱 글자이지만 그 속에는 많은 것들이 담겨 있다. 일단 돈을 썼다. 100만 원어치의 재료를 샀다. 마크라메 실과 막대 그리고 반짝반짝 빛이 나는 작은 비즈들과 그것을 엮어 멋진 액세서리로 만들어 줄 각종 도구들. 하나씩 볼 때는 가격이 얼마 안

했던 것 같은데 신나게 장바구니에 담다 보니 그 금액이 나왔다. 조금 놀랐지만 어느 사업에나 자금은 필요한 법! 과감하게 결제를 했다. 과감하지 말았어야 했는데.

돈도 돈이지만 시간도 많이 들어갔다. 내 제품의 차별성을 찾아야 했기에 남의 숍을 둘러보는 일은 기본이요, 제품의 아이디어를 짜서 직접 만들고 사진을 찍고 영어로 설명 문구를 쓰는 동안 알토란 같은 내 시간은 브라질에 있는 이구아수 폭포처럼 콸콸 쏟아져 역사의 뒤안길로 사라져 버렸다. 결과는 어땠을까? 이쯤 되면 눈치 빠른 독자들은 내가 왜 이 글을 쓰고 있는지 알아채셨을 텐데? 망했다. 눈물 난다.

처음에는 잘 되는 줄 알았다. 마크라메 벽걸이는 시제품 10개를 모두 팔고도 몇 개 더 팔았다. 하지만 코로나19가 터진 이후 실 값이 3배나 뛰는 바람에 가격을 올렸더니 주문이 뚝 끊겼다. 액세서리는 음…… 말하고 싶지 않다. 그냥 망했다. 쫄딱 망했다. 시원하게 망했다. 문제의 핵심은 판매 자체에 있지 않았다.

한번 생각해 보시라. 아침에 일어나 오전 내내 종이를 접다가 점심 먹고 마크라메 매듭을 지으며 저녁에는 우레탄 줄에 비즈를 끼고 있는 어떤 여자의 모습을. 한 마디로 너무 정신이 없었다. 도떼기시장에서 채소와 신발, 털로 짠 스웨터를 한 좌판에 펼쳐 놓고 파는 격이었다. 성격이 다른 3가지를 한데 모아 놓다 보니 홍보할 때 어디에 초점을 잡아야 할지도 뒤엉키고 말았다.

빌 비숍이 쓴 마케팅 책《핑크 펭귄》에는 내가 처한 상황을 정확히 짚고 있는 구절이 나온다. 그것이 왜 문제인지. 왜 가장 중요한 고객에게 초점을 맞춰야 하는지에 대한 내용이다.

"이런 식의 초점 결핍은 큰 문제가 될 수 있다. 우선 자신의 역량을 너무 얇게 펼친다는 점이 문제다. 한 번에 너무 많은 게임을 벌이려 애쓰는 셈이다. 무엇이든 다 하지만 특별히 잘하는 것이 없는 사업체로 보이기 십상이다. 더 큰 문제는 많은 유형의 고객과 거래하기 때문에 어떤 고객에 대해서도 잘 알지 못하게 된다는 점이다."

다 잡고 싶은 욕심을 버리지 못했던 탓에 다양한 제품을 올려서 스스로의 전문성을 깎아내린 것이다. 사실 이것은 오랫동안 달고 살았던 나의 모습이었다. 하고 싶은 게 많아서 뭘 해야 할까 결정을 못 하다가 시간 까먹는 사람, 이거 조금 저거 조금 손을 대보기는 하지만 정작 잘하는 건 없는 사람. 어릴 때부터 그랬다.

국어 공부를 하다 보면 수학을 해야 할 것 같고, 영어책을 펴면 어느 순간 과학을 공부하고 싶은 아이였다. 머릿속으로는 한 과목을 다 끝내고 다른 걸 하는 게 효과가 좋을 거라고 생각하면서도 행동은 따로 놀아 언제나 모든 과목을 조금씩 들춰보다 덮었다. 이런 삶의 태도를 적나라하게 표현하는 관용어가 있으니 바로 '죽도 밥도 아니다'다. 결과적으로 어느 과목 하나 잘하는 것 없이 다 고만고만했다.

그러던 내가 '선택과 집중'이라는 문구를 맨 처음 보았을 때는 두 눈이 번쩍 뜨였다. 이것이야말로 내가 새겨야 할 지침이로구나. 하지만 지침으로 삼기만 했을 뿐 실천이 되질 않았다. 해야 할 일, 하고 싶은 일을 늘어놓고 한 가지를 선택하는 것까지는 하겠는데 그것에만 집중할 수가 없었다. 가보지 않은 길은 늘 궁금했고 다른 걸 골랐어야 했나 하는 후회 등이 범벅되어 머릿속이 꽉 찼기 때문이다.

종이접기를 잘하고 있다가 뜬금없이 마크라메와 비즈공예품을 올렸던 까닭이 바로 이 같은 성격 때문이었다. 그러나 망했다. 망하고 나니 보였다. 다른 일에서도 그렇지만 비즈니스에서 선택과 집중은 선택사항이 아니라 필수다. 하나를 선택했다면 나머지 길들은 과감히 포기하고 머릿속에서 지워야 한다. 그래야 부드러운 죽을 끓이던, 고슬고슬한 밥을 짓던 할 수 있다. 둘 다는 못한다. 선택과 집중의 다른 이름은 포기와 망각이었다.

매번 이렇게 일일이 시간과 돈을 들여 몸소 실천하며 깨닫는 것이 매우 어처구니가 없지만 지금이라도 알아서 다행이다. 눈물을 머금고 마크라메와 액세서리를 포기한 나는 진정한 종이접기 작가로 거듭나고 있다. 거듭나고 있겠지?

선택하지 않은 길을 포기하고
잊을 줄 아는 능력을 키울 것

공감 능력 뛰어나면
진짜 피곤해

 나는 공감 능력이 너무 뛰어나다. 마치 자랑처럼 들릴 수도 있지만 실은 정반대다. '너무'라는 부사 탓에 점수가 깎이기 때문이다. 공감할 수 있는 능력이 과하게 높으면 이 세상 모든 사람들의 마음과 기분을 자기 것으로 만들어 버린다. 기쁨, 즐거움 같은 좋은 감정도 쉽게 공유하지만 슬픔, 아픔 같은 기분도 함께 느끼느라 무척 힘들다. 이걸 예쁘게 표현하면 감수성이 풍부하다고 하는데 나쁘게 갖다 붙이면 감정소비가 지나치게 큰 거다.
 드라마, 영화를 볼 때마다 배우들의 삶에 몰입하는 건 기본이다. 남의 결혼식, 졸업식 가서 운 적도 아주 많다. 큰 사고가 나서 사상자가 생길 때마다 마음 깊이 그들의 가족을 걱정하느라 억장이 무너진다. 이 정도면 누구나 가질 법한 공감능력이다. 하지만 나는 한 발 더 나아간다. 고객이 별로 없는 대형 마트에 갈 때 이 꼴을 봐야 하는 사장의 처지까지 헤아린다.

"여기 매장은 손님이 왜 이렇게 없어? 장사가 이렇게 안 되면 사장은 뭐 먹고사나. 직원들 월급은 줄 수 있을까? 쫄딱 망하는 거 아니야?"

"걱정 마. 사장이 우리보다는 부자일 거야."

남편은 나의 높디높은 공감능력에 늘 어이없어하며 대꾸하곤 했다. 어디 그뿐인가. 말실수를 해 놓고 하루 종일 나의 언행 때문에 기분이 상해 있을지도 모를 타인을 걱정한다. 먼저 사과했을 때 정작 당사자는 내가 그런 말을 한지 기억도 못하는 경우도 많다. 딸의 생일파티에 초대하지 않은 아이들이 나중에 그 사실을 알았을 때 상처받으면 어쩌나 하는 걱정을 초대장을 돌리기 직전까지 한다.

나의 사업가 자질에 의문을 제기하는 일이 생겼다. 고객을 중요하게 생각한다는 말을 확대 해석하여 벌어진 일이다. 런던에 사는 여성이 마크라메 벽걸이 장식품을 산 적이 있었는데 며칠 뒤 메시지가 왔다. 크기가 생각보다 커서 반품하고 싶다고 했다. 맞춤 주문이 아닌 이상 기간 내 반품은 얼마든지 가능하다. 나는 반송 주소지 라벨을 구매한 후 이메일에 첨부하여 보내주었다. 고객이 우체국 가서 직접 보내도 될 일이지만 반품을 쉽게 할 수 있도록 돕고 싶었다. 원하는 제품을 못 사게 되어 속상할 그녀를 위한 배려였다.

마크라메를 돌려받은 후 환불처리를 하려고 숍 사이트에 들어갔다. 그러다가 아래쪽 구석에서 '변심에 의한 환불 배송료는 고객이 내야 한다'는 문장을 발견했다. 크기가 생각과 달라 반품한 것은 변심일까, 아닐까. 나는 분명 상세 설명에 가로, 세로가 얼마나 되는지 써 놓았으니 그걸 확인 안 하고 구매한 고객의 책임이라는 생각이 그때서야 들었다. 이럴 경우 판매자가 배송료를 낼 이유는 없다. 세계 최대 온라인 쇼핑몰인 아마존도 〈프라임〉이라는 특별 서비스를 돈 주고 신청

해야 환불 배송료가 무료인데 말이다.

한숨이 나왔다. 돈 벌자고 벌인 사업에서조차 스스로 정해 놓은 원리, 원칙을 무시하고 남의 입장만 생각하는 내가 한심해 보였다. 방향을 잘 못 찾은 나의 공감과 배려는 자주 엉뚱한 곳에서 헤매곤 했다.

다른 이의 처지를 공감하고 이해하는 일, 나 아닌 남을 생각하는 마음은 우리 사회가 아름다워지는 데 꼭 필요하다. 다만 정도와 횟수가 잦아질수록 당사자의 몸과 마음은 피폐해진다. 때로는 남들의 기분을 자기가 알아서 확정 짓는다는 것도 문제다. 상대는 괜찮다는데 괜히 지레짐작하여 안 괜찮다고 생각하며 위로하려 든다. 이건 오만이다. 오만은 교정해야 한다.

공감 능력이 지나쳤을 때의 진짜 큰 문제는 따로 있다. 다른 사람을 이해하며 배려하려고 감정을 소비하는 동안 정작 자신의 마음을 챙기기 위한 힘을 남겨 놓지 못할 때가 많다는 점이다. 남의 마음은 너무 잘 와닿는 반면, 내 속은 공감할 수 없는 어처구니없는 상황이 벌어진다. 내 마음 하나 알아차리지 못하면서 누가 누굴 배려하겠는 건지. 이건 오류다. 오류는 수정해야 한다.

  교정하고 수정하는 일이 한 번에 뚝딱 되지는 않을 것이다. 오랜 시간 남이 어떻게 볼까를 염두에 두고 살았던 사람이라면 더더욱. 하지만 삶에서 가장 중요한 공감은 내가 나의 진짜 마음을 알아주는 것이다. 내가 지금 느끼는 감정이, 욕망이 무엇인지, 나란 사람이 어떤 사람인지 똑바로 보는 게 의외로 용기가 필요하다.

  나의 경우 그걸 알아차린 시점은 시련이라고 이름 붙일 만한 순간들이었다. 잘 나갈 때는 나에게 공감해줄 시간이 별로 없었기 때문이다. 무너지고 자빠지고 좌절하고 포기할 때 그래서 앞으로 가고 싶어도 갈 힘이 약해졌을 즈음에 나를 더 이해하고 알게 되었다. 엎어진 김에 쉬어간다는 말을 좋아하는 이유다. 엎어진 김에 시간을 들여 내 마음을 들여다보는 기회로 삼을 수 있기 때문이다. 누가 뭐래도 내 인생 내가 먼저인데 조금 찬찬히 가면 어떠냐 하는 것이 이 글의 결론이다.

남들 챙기기 전에 일단 나부터 챙길 것

인정받기 전에
가장 먼저 할 일은?

접어놓은 작품을 배경 종이에 붙이기 전에 꼭 하는 과정이 있다. 사진을 찍어 고객들에게 보여주는 일이다. 결혼 날짜나 신랑, 신부의 이름 혹은 그들이 원하는 문구가 제대로 인쇄되었는지, 종이접기에서 바꾸었으면 하는 부분은 없는지 묻는다. 요구사항이 많아지면 주고받는 메시지의 수도 늘고 수정하느라 시간이 걸리지만 나는 이 시간을 가장 즐긴다. 고객은 고객대로, 나는 나대로 인정받는다고 느끼기 때문이다.

메신저로 자기가 주문한 종이접기를 확인한 사람들은 이때 가장 강렬한 감탄을 쏟아 놓는다. 특히 미국 고객들은 과장을 밥 먹듯 하는 편이다. 학창 시절 내 별명이 '오버걸'이었는데 이들은 '오버고객'이다. 언빌리버블! 어메이징! 수퍼 익사이티드! 원더풀! 엑설런트! 이 몇 마디에 내 양쪽 어깨에는 뽕이 달린다. 설탕을 불에 올려 졸이다가 베이킹 소다를 2스푼쯤 넣은 것처럼 기분이 잔뜩 부풀어 오른다. 이놈의 인정 욕구는 나이가 들어도 사라지지 않는다. 오히려 더 커지는 것 같기도 하다. 그럴 기회가 줄어들까 봐 초조해지기 때문인지도 모르겠다.

중학교 때 수업 시간이 지겨워진 우리들은 선생님에게 "공부 그만 하고 놀자"고 자주 졸랐다. 선생님이 뭐 할 거냐고 물으면 반 아이들은 내 이름을 외쳤다. 나는 마지못한 듯 앞으로 나가 노래를 불렀다. 실력이 좋았던 건 아니다. 누구라도 총대를 메고 나서야 수업이 중단될 테고 나는 얼굴이 두꺼운 아이였다. 게다가 고음 부분에서 삑사리를 내면 아이들이 좋아한다는 걸 알았다. 다만 그 시절 나만의 철칙이 있었는데 아이들이 호명하지 않는 한 절대 먼저 나가지 않았다는 것이다. 마음속으로는 당장 뛰쳐나가고 싶었지만 일부러 참았다. 친구들이 노는 시간의 첫 번째 타자로 나를 인정해주길 바랐기 때문이다.

그 아이가 커서 마흔이 넘었다. 가만히 있어도 나를 부추기고 인정해주는 사람들이 없어졌다. 이제 노래 좀 웃기게 부른다고 박수를 받지 않는다. 만약 몸매를 바비 인형처럼 가꾼 뒤 팔 굽혀 펴기 1,000번을 하면서 BTS의 노래를 부른다면 가능할지 모르겠다. 아차, 중요한 걸 빠뜨렸군. 그것을 영상으로 찍어 디지털 세상에 올려야지.

누구나 남들에게 인정받고 싶은 욕구가 있을 것이다. 자기가 잘하는 것, 뛰어난 것을 다른 사람들이 긍정해주고 존중해주길 바란다. 내가 가치 있는 존재라는 것을 타인의 언어로 확실히 하고 나면 자부심이 생긴다. 웃음꽃이 피어오른다. 우리가 살아가는 데 인정 욕구는 본능만큼이나 필수적인 것인지 모르겠다.

그런데 여기서 껄끄러운 사실 하나는 인정의 기준은 대개 남에게 있다는 것이다. 다른 사람에게 인정받으려면 그들이 괜찮다고 생각을 해야 한다. 그러기 위해 우리는 오랜 시간 타인의 기준에 맞추기 위해 노력을 해왔다. 돌아보자. 어릴 때부터 부모님이나 선생님, 자라면서는 친구들, 사회에 나와서는 상사나 더 많은 이들의 인정을 얼마나 원했는지. 그거 하나 맞추겠다고 얼마나 뼈 빠지게 노력을 했는지. 나는 뻑사리를 잘 내기 위해서도 노력했던 아이였다.

덕분에 여기까지라도 왔을 수도 있다. 하지만 인정 욕구가 본능만큼 필수적인 것이라 해도 그 자체가 목적이 되어서는 안 된다는 것을 깨닫는다. 자신이 세워 놓은 목표대로 가다가 잘 되면 칭찬도 받는 것이지, 다른 이의 인정만을 위해 달려가서는 안 된다. 타인의 인정은 종잇장처럼 가벼워 쉽게 날아가기 때문이다. 매일매일 그것만 찾아다니며 채워 넣어야 하는 건 주객이 전도된 상황이다. 그러다 정말 뼈가 빠질지도 모른다.

남들에게 인정받기 전에 먼저 할 일은 내가 나를 인정할 수 있는 스스로의 기준을 세우는 것이다. 그것 데로 밀고 나가야 한다. 그래야 남들의 인정 기준에 휘둘리지 않을 수 있다. "오 종이접기 잘했어" 고객들의 이런 칭찬에는 고래처럼 기분 좋게 춤 한 번 추고 끝내야 한다.

내가 정한 나만의 기준은 이렇다. 종이접기 사업에서는 꾸준하게, 즐겁게 종이를 접는 것이다. 남의 지갑을 열어 밥벌이를 하는 일은 자주 스트레스를 동반할 테지만 그럼에도 불구하고 기쁜 마음으로 접고 있다면 내 머리를 쓰다듬어 줄 것이다. 엄마와 아내로서는 가족들을 자주 웃게 만든다면 칭찬 100점, 글쓰기는 멈추지 말고 뭐라도 쓰고 있다면 100점 추가요, 하다 만 근육 운동을 올해 다시 시작한다면 건강한 노년을 위해 노력하는 거니까 100점을 더 주겠다. 나타샤 할머니의 조언 "꼭 재미있게 살라"는 지침대로 살고 싶다. 잘하고 있다. 잘 될 것이다.

인정의 기준은 내가 정할 것

실수해도 괜찮기는 개뿔

실수란 놈은 할 때마다 황당하고 당황스럽다. 무언가 문제가 생기거나 잘못을 했을 때 거기서 손을 놔버리면 편할 테지만 어떻게든 해결을 해야 하니 말이다. 안 하고 싶다. 실수하면서 배운다고? 그냥 교과서 중심으로 공부하다가 문제집이나 풀면서 배웠으면 딱 좋겠다. 하지만 종이 접기를 하며 벌어진 현실에서는 이 실수와 저 실수가 연달아 쏟아져 내렸다. 마치 아름다운 봄날 바람 살랑 불 때 벚꽃이 우수수 떨어지듯 실수도 우수수.

사업 초기의 일이었다. 미국 고객이 결혼기념일이 다음 주인데 지금 주문하면 그때까지 받을 수 있냐고 물었다. 의기양

양하게, 자신 있게 답장을 보냈다.

"그럼요 고객님! 원래는 우체국으로 보내는데요, 추가 요금 주시면 UPS로 보내 드릴게요. 3일밖에 안 걸린다니까요? 걱정 붙들어 매세요!"

아직 주문이 뜸할 때였고 어떻게든 이 고객을 붙잡고 싶었다. 장사를 하는 사람이라면 당연히 가질법한 자신감이라 생각했다. 고객은 나의 말을 믿고 주문을 했다. 그의 결혼 복장을 정성껏 접었다. 몇 번의 대화가 오고 간 후 완성작품을 종이에 붙였다.

발송을 위해 주소지를 출력할 차례가 왔다. UPS 홈페이지에 들어갔다. 영국은 조그만 동네 식료품 가게에서 배송업무를 대행하기 때문에 미리 온라인으로 주소와 물품을 입력하고 비용을 결제한 후 가져가야 한다. 영어로 된 사이트는 우체국에서 보낼 때보다 복잡했다. 하라는 건 왜 그렇게 많은지. 눈을 부릅뜨고 한 칸 한 칸 입력을 했다. 평소보다 시간이 걸렸지만 다행히 성공했다(고 생각했다). 주소지를 상자에 붙인 후 20분을 운전하여 가게에 가져갔다.

"아저씨, 오늘 중으로 UPS가 제 짐을 가져가겠지요?"

"네, 매일 낮 12시쯤에 픽업해 가니까요."

그날부터 매일 UPS 홈페이지에 들어가 어디까지 갔는지 살폈다. 그런데 짐이 있어야 할 위치가 바뀌질 않았다. 당일 저녁에도 다음날에도 계속 시골 마을 가게로 찍혀 나왔다. 희한한 일이 내 머릿속에서 벌어졌다. 왜 물건이 아직 영국에 있지?라고 의심할 법도 한데, 그때 나는 '트래킹 업데이트가 안 되고 있나 보다. 에이 설마, 미국으로 잘 가고 있겠지'라고 스스로를 안심시키며 세계 제일의 배송회사를 믿어버렸다.

고객이 제품을 받아야 할 날이 되어서야 가게로 달려가 보았다. 충격적인 장면이 눈앞에 펼쳐졌다. 상자가 가게에 그대로 있었던 것이다. 부들부들 떨리는 목소리로 가게 주인에게 물었다.

"아, 아저씨, 제 소포 왜, 여기 있나요?"

"UPS 측에서 놓고 갔어요. 국제 배송이면 〈커머셜 인보이스〉 양식 3장도 인쇄해서 가져와야 하는데 그거 빼먹으셨어요? 저희는 대행만 하는 곳이라 책임은 없습니다. 알아서 가져오셨어야 해요."

커머셜 뭣이 어쩌고 어째? 인보이스? 오호라 통재여. 이를 어쩌면 좋단 말인가. 그의 말을 듣는 순간 피가 거꾸로 솟구친다는 느낌이 뭔지 알 것 같았다. 심장이 계속 벌렁댔다. 배송 대행을 하는 곳이니까 필요한 서류가 있다면 챙겨줄 수도 있는 거 아닌가! 자기는 책임이 없다던 가게 주인의 말이 얄미워 먹살이라도 잡고 흔들고 싶었다. 하지만 나보다 키가 훨씬 큰 탓에 엄두를 내지 못했다. (사실 그럴 만한 배포도 없다.) 무엇보다 좌절할 틈이 없었다. 얼른 집에 가서 서류 3장을 출력하여 가져와야 짐이 출발을 할 수 있기 때문이었다.

결국 종이접기 작품은 고객의 기념일 바로 전날이 되어서야 비행기를 탔다. 나중에 확인해 보니 UPS 사이트에 해당 내용이 보란 듯이 적혀 있었다. 영어로 된 탓에 내가 놓쳤다. 내 잘못이었다.

나의 실수를 고객에게 알리는 일은 또 다른 차원의 괴로움이다. 그는 이제 곧 액자를 받을 기대를 하며 들떠 있을 텐데 기념일 후에 도착한다는 말을 어떻게 한단 말인가. 하지만 어쩔 도리가 없었다. 메신저 창을 열고 반성문 쓰듯 영어 문장을 써 내려갔다. 상황 설명과 사과의 말, 전체 배송료를 환불해주겠다는 내용을 덧붙였다. 3일간 고객에게 연락이 없었다. 차라리 화라도 낼 것이지 아무 답신도 못 받으니 일이 손에 잡히지 않았다. 그러다가 메시지를 받았다.

"처음엔 늦게 받을 거라는 사실에 크게 실망했어요. 근데 액자를 받고 나니 마음이 풀어졌네요. 아내도 감동받아 울더라고요. 예쁘게 만들어줘서 고마워요. 배송료 환불도 감사합니다."

휴우. 심장이 제자리로 돌아왔다. 주문 숫자가 적어 배송료 환불만 해줘도 월 매출에 큰 영향을 미칠 때였지만 잘 해결해서 다행이었다. 그것 때문에 마음 졸인 일주일을 생각하면 다시는 겪고 싶지 않다. 그 후 UPS로 물건을 보낼 때는 커머셜 인보이스가 3장 제대로 출력되었는지, 서명은 했는지 두세 차례 확인을 하는 습관이 생겼다.

이런 일도 있었다. 기분 좋게 마감 버튼을 눌렀는데 며칠 뒤 고객에게 메시지가 왔다. 액자 유리에 하얀 게 묻어 있다는 이야기였다. 사진을 찍어서 보내달라고 했다. 확인해 보니 정말 무언가가 유리에 붙어 있었다. 혹시 풀? 매일 우체국 배송 시간에 맞춰서 급하게 마무리 작업을 하느라 접착제가 다 마르기 전에 액자를 포장했는데 그것이 흘러내린 모양이었다. 고객과 마주한 것도 아닌데 낯이 뜨거워졌다. 내가 너무 아마추어 같았기 때문이다.

이번에는 차마 진실을 이야기할 수가 없었다. 시치미를 떼며 "뭔지 잘 모르겠다"고 한 후 다시 만들어 보내며 마무리를 지었다. 그 사건 이후로는 최종 작업을 한 후 최소 한 시간은 두었다가 포장을 한다.

이 꼭지를 쓰면서 처음 달았던 제목은 "실수해도 괜찮아"였다. 근데 쓰다 보니 도무지 그렇게 달 수가 없다. 괜찮기는 개뿔. 실수를 하면 얼마나 곤욕스러운데 괜찮나. 하나도 안 괜찮다. 해도 해도 끝이 없고 할 때마다 내가 작아진다. 이것밖에 안 되는 사람이었냐고 울부짖으며 깊은 동굴 속으로 들어가기도 하고 문제 해결하는 과정이 무서워 종이접기를 그만두고 싶을 때도 있었다.

  하지만 이거 하나는 확실히 말할 수 있다. 같은 실수를 하는 일은 드물다. 온몸으로 체험하며 익힌 경험은 노하우가 되어 쌓인다. 소중한 나의 자산이 된다. 이제 UPS 배송은 척척이다. 마크라메나 액세서리를 팔려다가 망한 뒤(사실 시도해 본 다른 아이템 하나가 더 있었는데 뒤의 글에서 나올 예정이다)에는 다른 아이템에 눈을 돌리지 않고 종이접기에만 집중한다. 배송하다가 깨진 액자 덕에 새로운 포장 방법을 개발했다. 영어 날짜 스펠링을 잘못 쓴 다음부터는 반드시 고객이 입력한 문구를 복사 후 붙여 넣기를 한다.

  그러니 어쩌겠나. 실수나 문제를 대하는 건 여전히 어렵고 힘들지만 그것만큼 강렬한 배움의 도구가 없는데. 게다가 피한다고 될 일도 아니다. 두 손 벌려 환대까지야 못하겠지만 기죽지 않으련다. 잘 해결하고 나서 이번엔 또 무얼 배울까 기대하련다. 인생에서 가장 큰 실수는 그것이 두려워 아무것도 하지 않는 것이라는 말, 이거 진짜인 거 같다. 해보니 그렇다.

실수를 두려워하지 말 것

왜 사냐 건 웃지요
하하 하하하

화룡점정. 용의 눈동자를 그렸더니 하늘로 올라갔다는 고사성어다. 종이접기를 하면서 자주 그 경험을 했다. 화견점정, 화묘점정. 개나 고양이를 접고 나서 펜으로 눈동자를 그려주자 하늘로 올라…… 아니 올라간 건 아니고 비로소 생명을 갖게 되었다. 비로소 개다운 개, 고양이다운 고양이가 되어 왕왕, 야옹 짖는 것 같았다. 개네들은 한 쌍으로 짝을 지어 축하카드에도 올라가고 때론 결혼식 액자 주인의 반려동물 자격으로 함께 담겼다.

어느 날 동물의 눈을 작은 점 대신 웃는 모양으로 그려보면 어떨까 하는 생각을 했다. 고객들에게 의견을 물었더니 열에 아홉은 웃는 모습으로 해달라고 했다. 그때부터 나는 점 대신 초승달 모양을 그려 넣는다. 역시 웃음은 동서양을 막론하고 인기 있는 표정이다. 고객들의 사진을 보면 행복이 전염되는 까닭도 그들이 웃고 있기 때문일 것이다.

나는 잘 웃는 사람이었다. 얼굴에 웃는 표정이 착 달라붙어 있었다. 웃음을 근육의 입장에서 분석하면 입과 눈 주변 근육을 변화시키는 행동이다. 입의 양 끝을 최대한 옆으로 찢고 그때 자연스럽게 벌어지는 입은 놔둔 채, 눈의 크기를 살짝 줄여 곡선으로 만드는 활동이다. 다른 근육 운동처럼 자주 웃으면 관련 근육들이 단련된다. 가만히 있어도 살짝 미소를 띤 얼굴이 되는 것이다.

이렇게 된 데에는 고등학교 때 합창단을 했던 영향이 컸다. 여름방학 때마다 일주일 동안 전국 순회공연을 갈 만큼 활동이 활발한 동아리였다. 그때 우리는 무대 매너를 위해 날마다 웃는 연습을 했다. 할 수 있는 한 가장 예쁘게 웃는 얼굴을 만들고 노래를 불렀다. 아침에 엄마에게 혼나고 왔거나 시험 성적이 바닥으로 곤두박질쳐서 기분이 새벽안개처럼 낮게 가라앉아 있다 해도 음악실에서 노래를 부를 때는 웃어야 했다.

무대 매너 중에는 팔을 항상 옆구리에 붙이고 있어야 한다는 조항도 있었는데 아무리 가려운 데가 있거나 안경이 내려가도 그 자세를 유지해야 했다. 피부가 건조한 편인 데다가 안경을 낀 나는 자주 움직이고 싶었지만 꾹 참고 그저 웃었다. 어쩌면 그때 "웃고 있어도 웃는 게 아니다"라는 말을 실감했던 것도 같다.

꼬박 2년을 그렇게 하고 나니 웃음이 표정에 배어버렸다. 26명의 단원 모두의 얼굴이 마찬가지였다. "너는 표정이 웃고 있어서 기분이 좋아져." 대학교 때 친구들, 선후배들이 나에게 자주 한 말이다. 그 효과는 생각보다 오래가서 사회에 나와서도 '잘 웃는 안송이'가 되었다. 사람들의 호응에 응답하기 위해 나의 웃음소리는 크기가 점점 커졌고 항상 '솔' 톤 이상을 유지했다. '목소리 큰 안송이'도 이때부터 추가되었다.

그런 소리를 평생 들을 줄 알았다. 하지만 시간이 지나자 근육의 곡선화가 희미해지기 시작했다. 웃을 일과 정비례하여 울 일, 인상을 찌그러트릴 일도 많아졌기 때문이다. 마흔 무렵, 한 번은 아이패드로 드라마를 보고 있다가 배터리가 모자라 꺼졌다. 갑자기 까만 화면으로 초췌하고 화가 난 듯한 여자 얼굴이 반사되어 나타났다. 뉘신지? 아, 나구나. 진짜 재미있는 드라마를 보던 중이었는데 표정은 왜 그 모양이었던 것일까.

충격이었다. 되게 못생겨 보였다. 불만이 가득 들어차고 눈에 총기도 사라진 것 같은 얼굴은 성형외과에서 광고하는 비포 & 애프터 사진의 비포용으로도 사용할 수 없을 만큼 미웠다. 나라고 인정하고 싶지 않았다. 젊은 날 활짝 웃는 내 모습이 페이드아웃 효과처럼 옅어지면서 귓가에 장엄한 음악이 흐르는 듯했다. 베토벤의 운명 교향곡 앞 소절 빠바바밤……. 그 표정으로 남은 인생을 산다고 생각하니 떡을 먹다 목에 막힌 것처럼 답답했다. 그럴 수는 없었다.

합창단 때 했던 무대 매너 연습을 다시 한번 해보기로 결심했다. 이제 무대에 서서 노래를 부를 일은 없다. 그러나 내 인생 자체가 나만의 무대 아닌가. 나이 들면 근육의 양이 줄기 때문에 운동을 하는 게 무척 중요하다는데 거기에 얼굴 근육 운동 하나 추가하는 것쯤이야.

그래서 요즘은 웃을 일이 없어도 양쪽 볼 근육을 옆으로 당긴다. 이가 드러날 때까지 찢는다. 특히 거울 앞을 그냥 지나쳐서는 안 된다. 연습할 수 있는 가장 좋은 장소가 바로 거기다. 광고를 찍는 배우가 되어도 좋다. 립스틱을 하나 들고 얼굴 각도를 오른쪽, 왼쪽으로 갸웃거리다가 슬그머니 미소를 추가한다. 입 안 가득 바람도 넣어 보자. 팔자 주름이 쫙 펴지게. 지금 거기, 따라 하는 분, 잘하고 있다!

심리를 다룬 책에서 웃음이 방어기제의 일종이라는 구절을 본 적이 있다. 다른 사람에게 웃는 얼굴을 보여줌으로써 "나는 너를 공격할 의사가 전혀 없으니 너도 나에게 친절히 대해 줘"라는 신호를 보내며 자신을 방어한다는 것이다. 웃는 얼굴에 침 못 뱉게. 지난 세월 내가 웃음과 함께 쳤던 방어벽은 얼마나 두꺼워졌을까.

그래, 좋다. 방어 연습도 잘해두면 좋겠지. 그게 아니어도 웃는 연습을 해야 할 이유는 차고 넘친다. 우선 예쁘게 나이 들고 싶기 때문이다. 주름이야 어차피 생길 텐데 이왕이면 웃을 때 생기는 근육의 방향으로 생겼으면 하고 바라기 때문이다. 또 웃음이 웃음을 부른다는 사실을 잘 알기 때문이다. 남편과 다툰 후 눈이 마주쳤을 때 내가 먼저 입 꼬리를 올리면 그도 따라 웃으며 기분이 풀어지는 경험을 많이 해봤다.

왜냐고 또 누가 내게 물어 온다면, 억지로라도 웃으면 엔도르핀도 나오고 복도 온다는데 안 웃을 이유가 없기 때문이다. 우는 소리보다는 웃는 소리가 듣기 좋기 때문이다. 웃는데 돈 안 들기 때문이다. 이렇게 연습을 해 놓으면 진짜 웃을 일이 생겼을 때 가장 아름답게 웃을 수 있기 때문이다. 내가 자주 접는 강아지, 고양이에 대한 예의다. 삶이 웃음으로 가득 차는 것, 행복으로 가는 길이다.

왜 사냐 건 웃으련다. 하하 하하하.

입은 양쪽으로 찢고,

눈은 크기를 줄여 곡선으로 만들 것

코로나19 때문에 단 둘이서만 결혼식을 올렸다던 스위스 부부다.
결혼사진이 영화 속의 한 장면 같았다.
진정한 스몰 웨딩을 실천한 그들에게 박수를 보낸다.

매튜는 아버지가 손수 만들어 준 목재 아치를 꼭 넣어달라고 했다.
재생용지를 황톳빛 색연필로 칠한 뒤 접어서 만들었다.
단단한 나무처럼 둘의 사랑도 단단하게 이어가길.

이구아나 인형이 함께 담겼다. 신랑이나 신부의 별명이었을까?
사물에 의미를 담기 시작하면 버리기 힘든 법인데.
우리 집에도 내 몸 통의 반쯤 되는 오리 인형이 버티고 있다.
남편의 옛 별명이 오리였던 까닭에 내가 선물한 것이다.
자리 차지를 많이 한다. 작은 걸 살 걸…….
두 분에게 큰 집이 필요합니다!

피할 수 없으면 즐겨라!
겨울에 결혼은 해야겠고 이왕 즐기고 싶다면
스키장에서 눈과 함께 결혼하기 어떨까?
신부가 추워 보였다는 건 비밀이다.

4부

계속
접어보겠습니다

종이접기는 소중한 밥벌이, 친구 그리고 웬수

안 대리는 커서
안 작가가 되었습니다

    옛날, 옛날, 대한민국 서울 한복판에 '안 대리'라는 사람이 있었어요. 안 대리는 과거에 안 점장, 안 기자일 때도 있었지만 경력직으로 들어간 직장에서 바로 '대리'라는 직함을 달았기 때문에 그때부터 본격적으로 안 대리가 되었답니다. 기업의 홍보팀에서 일하게 된 안 대리는 행복했어요. 하는 일도 마음에 들고 돈 버는 재미도 좋았거든요. 직장인의 애환 같은 건 누구나 겪는 문제니까 괜찮다고 생각했지요.

    얼마 가지 않아 안 대리는 안 과장이 되고 싶었어요. 하지만 그녀가 과장이 되려 하던 해에 경제 사정이 안 좋았대요. 기업 매출도 뚝 떨어졌다고 했고요. 회사는 모든 사원에게 양해를 구했어요. 그해에는 어떤 사원도 진급이 없다고 알려왔던 것이지요. 사실은 그녀가 어른이 된 후 경제는 한 번도 좋았던 적이 없었기에 회사의 진짜 사정은 따로 있지 않을까, 하는 의심도 했지만 결론은 하나. 짜잔! 안 대리는 이듬해에도 안 대리가 되었답니다. 입사 5년 차의 일이었답니다.

그러던 어느 날 그녀는 미국으로 공부하러 떠나는 남편과 함께 가느라 회사를 그만두었어요. 흔히 말하는 경력단절 여성이 되었지요. 신기한 일이 벌어졌어요. 사람들은 그 후에도 그녀를 계속 안 대리라 부르지 뭐예요? 시간이 흘러 주임이었던 후배 사원이 과장 달고 팀장이 되는 동안에도 안 대리는 여전히 안 대리였어요. 한 번 해병은 영원한 해병이라더니, 한 번 대리는 진급 안 하면 영원한 대리였을까요. 시간이 더 흐르자 이제는 그녀를 그렇게 부르는 사람조차 사라지고 말았답니다.

영국에 살게 된 그녀는 머리를 싸매다 종이를 접어 팔게 되었어요. 영국, 미국 사람들은 그녀를 대리라는 직함 대신 이름 그대로 '송이'라 불렀어요. 딸들도 남편도 불러주지 않는 이름을 고객들은 열심히 불렀지요. 좋았겠죠? 그렇지만 그녀는 어딘가 허전했데요. 사회 안에 자리매김하고 싶다는 욕망이 충족되지 않았을지도 모르겠어요.

결국 그녀는 스스로 타이틀을 달기로 결심했어요. 종이를 접는 나는 누구인가, 종이를 파는 나는 누구인가, 장사하다 말고 딴 짓을 자주 하는 나는 누구인가. 뜬구름 잡는 질문을 이어가다가 고심 끝에 '종이접기 수공예 작가'라는 명칭을 생각해 낸 과거의 안 대리는 그것이 꼭 마음에 들어 흐뭇한 미소를 지었어요.

셀러라고 하기엔 너무 광범위하고 아티스트라 하기에도 민망한 부분이 있었는데 수공예 작가라고 하니 친근하면서도 전문가의 향기도 묻어난다고 생각했기 때문이지요. 한국 사람들과 연결된 소셜 미디어 프로필에도 그렇게 올려놓았더니 사람들은 그녀를 작가라 불러주기 시작했지 뭐예요? 그리하여 30대였던 안 대리는 무럭무럭 늙어 40대의 안 작가가 되었답니다.

안 작가는 호칭에 대해 생각했어요. 대리가 되고 싶은 건 아니었지만 회사에 들어가니 안 대리가 되었고, 아내나 엄마가 되려던 건 아니었지만 결혼하고 아이를 낳으니 그렇게 불렸던 것이었구나, 호칭이란 관계와 조직 속에서 정해지는 것이로구나, 하고요. 수공예 작가라는 호칭은 조금 달랐어요. 굳이 붙이지 않아도 되었을 텐데 그렇게 정함으로써 스스로를 규정했다고나 할까요. 적극적인 자세로 붙인 이 타이틀을 안 작가는 사랑했어요.

그러다가 안 작가는 책까지 쓰게 되었어요. 수공예 작가에다가 글 쓰는 작가가 되어 쐐기를 한 번 더 박았으니 어머나, 이제 작가라는 호칭은 시쳇말로 '빼박'이 되었네요. 그녀는 오래도록 작가로 살아야겠다고 생각했어요. 어렵게 찾은 이 호칭에 어울리는 사람이 되리라 다짐했어요. 안 작가는 오늘도 책상에 앉아 종이도 접고 글도 쓰며 다짐을 실천하기 위해 구슬땀을 흘리고 있다고 합니다. 땀이 잘 나지 않는 체질이라 그걸 보여줄 수가 없어서 안타깝다나 뭐라나요.

부숴라 컴퍼니 vs 접어라 컴퍼니

만약 나에게 여유 자금이 있었다면 그리고 한 10년 전이라면 종이접기 말고 다른 사업을 했을지도 모른다. 당시에는 머릿속으로 자주 사업의 시뮬레이션을 돌려보았지만 시작하지는 않았기에 딱히 이름은 없다. 굳이 붙여보자면 '부숴라 컴퍼니' 정도가 적당할 것 같다. 의미론적 관점에서 보자면 '던져라 컴퍼니'도 괜찮겠지만 어감을 따질 때 던져라보다는 부숴라가 더 좋겠다. 이왕이면 발음할 때 '부'에 악센트를 두면서 입술을 앞으로 쭉 빼고 길게 발음을 한 뒤, '쉬'의 입모양을 한 상태에서 '어'를 갖다 붙여야 의미가 찰떡 같이 와서 달라붙는다. 발음학적 관점에서 정리해 보면 '부우쉬어라'가 된다. 말 그대로 다 부숴버리는 곳이다.

이곳은 숍 같은 곳으로 이용 가격은 이렇게 책정된다. 빈 맥주병 10개에 3만 원, 머그컵 10개에 4만 원, 와인 잔 10개에 5만 원. 주문한 양만큼의 유리, 사기 등의 재료를 받아다가 선 너머의 넓은 공간(벽 같은 게 있어야 함)에 세차게 던지면 된다. 사격장 같은 곳을 떠올리면 될 것이다. 소총 대신 유리를 손으로 던져서 박살내는 곳. 그곳이 누구를 위한 곳인가 하면 바로 어린아이를 키우느라 몸과 마음이 지치고 피폐해진, 폭발하기 직전의 엄마들을 위한 곳이다. 일종의 스트레스 해소방이랄까.

이런 사업을 구상했을 때 가장 먼저 떠올린 고객은 바로 나였다. 남편은 유학생, 첫째는 5살, 둘째는 태어난 지 몇 개월 안 되었을 그때에 나는 자주 폭발할 것 같은 느낌을 받았다. 내 안에 폭탄이 장치되어 있어 살짝 건드리기만 해도 금방 터질 것 같았지만 아니, 터트리고 싶었지만 그럴 수도 없어서 더 죽을 맛이었다. 아직 엄마가 세상의 전부인 조그만 아이가 천진한 눈망울로 나를 꼭 잡아매고 있었기 때문이다.

아이들은 한 없이 사랑스러웠다. 그러나 한 인간의 자유가 줄어드는 건 다른 차원의 일이었다. 그로 인해 변해버린 많은 것을 인정하고 받아들이는 게 초보 엄마에게는 쉬운 일이 아니었다. 그럴 여유도 없었다. 밤중 수유 때문에 잠도 잘 못자, 틈만 나면 아이가 우는 탓에 밥도 잘 못 먹어, 심지어 똥 누러 갈 때도 아이를 아기 띠에 들쳐 매고 가야 하니 언제 사고다운 사고를 한단 말인가. 많은 엄마들이 비슷한 경험을 했을 것이다. 점점 나는 없어지고 그 자리에 나 아닌 다른 것이 가득 들어차는 경험을.

하루하루는 너무 긴데 정신을 차리고 보면 며칠이, 몇 주가, 몇 달이 금세 지나가버리는 경험을 말이다. 내 배 아파서 낳은 아이인데도 그런 시간이 지속되다 보면 머리에서 압력밥솥처럼 스팀이 솟구친다.

쿠션 같이 폭신폭신 한 걸 던져서는 풀리지 않을 것 같은 답답함에 괴로워하다가 어느 날 머릿속으로 와인 잔을 던져 봤는데 와우, 이거다. 싶었다. 괴성을 지르며 한 10개만 깨 부숴도 스트레스가 풀릴 것 같았다. 와우, 사업성 있겠는데! 유리가 깨질 때는 그냥 깨지지 않는다. 와장창, 쨍그랑 쨍쨍, 경쾌한(?) 소리를 동반한다. 그것 또한 마음을 힐링하는 데 도움이 될 거라 확신했다.

사업을 구상하기 시작했다. 인테리어고 뭐고 다 필요 없으니 외관은 허접하게 지어도 되지 않을까. 화날 때 바로 찾아올 수 있게 접근하기 쉬운 장소라면 좋겠다. 다 쓰고 깨진 유리는 모아서 다시 녹인 다음 재활용해야 하니까 유리 종류별로 방을 만들면 좋겠다, 같은 계획을 세워 나갔다.

물론 이 사업에 진심이 담겨 있는 건 아니었다. 그래서 가상의 공간에 나만의 방을 따로 만들었다. 스트레스가 머리끝까지 올라오면 가상의 유리잔을 가상으로 던졌다. 무수히 깨진 유리 파편 위를 가상으로 걸어가 자근자근 밟고 오기도 했다. 가끔은 가상으로 밥상을 엎어버린 날도 있다. 드라마에 나오는 보수적인 옛날 아버지들이 하듯 거꾸로 뒤집어엎었다. 가상으로 했기 때문에 바닥에 널브러진 음식을 주워 담을 필요는 없었다.

아이들이 자라자 더 이상 유리를 던지는 상상을 하지 않아도 되는 시간이 왔다. 이제는 너무 빨리 자라는 딸들에게 천천히 크라고 말리고 싶으니 사람 마음이 이토록 간사하다. 그래도 삶은 고통 보편의 법칙 같은 게 있어서 육아가 끝났다고 스트레스가 뿅 사라지지는 않는다. 누구는 술을 마시고 누구는 친구를 만나 하소연하고 누구는 노래방 가서 노래를 부르며 일상을 살아갈 힘을 쟁일 것이다. 나는 종이를 접는다.

  종이는 그 자체로 마음이 안정된다. 눈을 감고 종이에서 나는 소리를 들어보면 알 것이다. 여러 겹을 한꺼번에 잡아서 '후두두두' 넘길 때 나는 소리도 좋고 선을 만들어 접을 때 나는 '쉬이익' 소리도 좋다. 무엇보다 가능성이 담겨 있다는 게 마음에 든다. 나의 손길에 따라 집도 되고 옷도 되며, 컵케이크도 되었다가 공룡도 되는 무한한 가능의 세계가 있는 곳이다. 접을 때만큼은 그것에 집중해야 하기 때문에 잡념도 잊을 수 있다. 만약 나에게 여유 자금이 있다면 종이접기 공방을 차리면 어떨까. 이름은 〈접어라 컴퍼니〉.

  화가 났을 때 종이를 접는다? 이 얼마나 교양 있는 태도란 말인가! 부숴라 컴퍼니가 분노를 누르지 못하여 동물의 본능을 내뿜으며 그대로 다 부숴버리는 곳이라면, 접어라 컴퍼니는 식물(종이도 나무에서 왔으니 엄연한 식물의 자손!)의 싱그러움을 만나며 고요하게 자신을 치유하는 공간이 될 것이다. 고객은 아무 말을 하지 않아도 좋다. 그저 와서 책상 앞에 있는 종이만 실컷 접다 가면 된다. 클래식 음악과 차, 커피도 준비해두려고 한다. 비용은 종이와 차 한 잔 값 정도로 싸게 책정하겠다. 언제 차릴지, 진짜 차리게 될지는 아무도 모르지만 상상만으로도 기분이 좋아지는 곳이다.

다람쥐 쳇바퀴, 있어줘서 고마워

이문세 님의 노래 〈옛사랑〉을 듣다 보면 꼭 같은 지점의 가사가 내 감정선을 건드린다. 덤덤한 목소리로 읊조리듯 부르는 노래지만 바로 이 부분 "사랑이란 게 지겨울 때가 있지"가 나오면 내 안에서는 잔잔한 물결이 형태를 바꾸어 소용돌이를 친다. 많은 사람이 입을 모아 아름답다고 말하는 사랑도 지겨울 때가 있다는 노래 덕분에 이 세상 대부분의 좋은 것도 그렇게 될 수 있다는 걸 알아차린다.

결국 나는 이 말이 하고 싶었다. "종이접기도 지겨울 때가 있다." 재미있게 접기도 하지만 지루함과 함께 너무너무 하기 싫은 순간이 종종 찾아온다. 이미 받아 놓은 주문 탓에 던져버릴 수는 없다. 접어야 한다. 멍 때리면서라도. 인형에 눈 붙이듯, 봉투에 풀칠하듯.

지겨운 게 어디 종이접기뿐이랴. 엄마, 아내라는 역할 그리고 먹고살기 위해 해야 할 최소한의 일들도 마찬가지다. 아침에 눈을 뜨고 밥을 하고 설거지. 점심이 되면 또 밥을 하고 설거지. 장을 보고 저녁이 되면 고기를 굽고 설거지. 청소, 빨래 같은 집안일들. 해도 티는 안 나는데, 안 하면 단박에 알아차릴 수 있는 그런 것들도 세상 지겹다.

한때는 그 일들이 오로지 내 몫이라는 생각에 짓눌린 적이 있었다. 혼자 살았다면 몸과 마음이 지쳤을 때 팽개쳐버릴 일들인데, 가족이 있는 나는 그럴 수가 없었다. 가끔은 책임감이라는 이름으로 나를 위에서 아래로 꾹꾹 눌러 대기도 했다.

흔히 이런 일상에 빗대어 다람쥐 쳇바퀴 굴린다고 표현한다. 그 안에는 매일 같은 일을 하는 반복성과 꼭 해야 하는 강제성 등이 녹아들어 있다. 다들 그 안에서 벗어나고 싶어 발버둥친다. 그런데 되는 일 하나도 없다고 느끼며 한창 우울했을 때 내가 굴려야 했던 쳇바퀴와 종이접기가 오히려 나를 지탱하게 만드는 묘기를 부렸다.

마흔이 넘어가면서 몸이 여기저기 쑤시기 시작했다. 한국이었다면 증상이 나타나자마자 병원으로 달려가 뭐가 문제인지 바로 알아냈을 것이다. 영국에서는 그럴 수가 없었다. 무상의료 시스템이지만 웬만해서는 제대로 된 치료를 바로 받기가 힘들다. 의사를 만나도 약 처방만 해줄 뿐 검사를 받으려면 몇 개월 혹은 몇 년을 기다려야 한다. 지금 생각하면 당시 나의 우울은 실제 몸이 아파서라기보다는 "한국에 살았다면"으로 시작되는 가정문과 후회 그리고 나이 듦을 향한 안타까움과 좌절 등이 범벅되었기 때문인 것 같다. 마음이 보드랍지 않자 만사가 귀찮아졌다.

그때 일상이 나를 잡아끌었다. 물먹은 솜뭉치 같은 몸을 이끌고 음식을 만들고 그릇을 정리하며 종이를 접었다. 딱히 뭐를 해야 나아질지도 몰랐기에 그저 관성의 법칙대로 주어진 일을 했다. 집에만 틀어박혀 있고 싶었지만 그럴 수도 없었다. 누가 일부러 그렇게 짜 놓은 것처럼 딸들의 학교에서는 행사가 연달아 있었기 때문이다. 일 년에 두 번씩 있는 교사와의 상담도 그때였고 아이들이 무대에 서는 크리스마스 캐럴 콘서트와 오케스트라, 드라마 공연에도 가야 했다. 둘째 딸 생일 파티도 예약금을 몇 달 전에 내놔서 안 할 수가 없었다.

종이도 계속 접었다. 신제품을 구상할 만큼 긍정적인 에너지가 있진 않았지만 내 기분이야 어떻든 말든 주문이 들어왔다. 각을 잡아 모서리를 맞추고 고객이 원하는 문구를 디자인하여 인쇄했다. 하루에 한 번씩 배송을 위해 우체국에 걸어갔다 왔다. 그러는 사이 조금씩 감정을 추슬러 갔다.

만약 나에게 그런 일상들이 없었으면 어땠을까. 우렁 각시라도 나타나 "애 키우고 집안일은 다 해줄 테니 너는 맘껏 힘들어 하렴"이라고 했다면 더 쉽게 이겨낼 수 있었을까? 글쎄. 아닐 것 같다는 것에 한 표를 던진다. 당시의 상황으로 예상해 보건대 나에게 시간이 넉넉히 주어졌다면 가만히 앉아 먼 산을 바라보다 깊은 생각의 구렁텅이에 빠져 꺼이꺼이 울면서 바닥에 붙어 있었을 것 같다. 다행히 나의 쳇바퀴가 그러지 못하도록 막아 주었다.

삶에서 일어나는 모든 일이 하나의 방향성만 갖는 것은 아니다. 어깨를 무겁게 했던 책임감이 때로는 삐걱거리면서도 인생을 앞으로 끌고 가는 힘이 된다. 반복해야 하는 일상이 억지로라도 몸을 움직이게 만들어준다. 몇 번의 경험 끝에 지금은 내게 주어진 의무와 책임감을 고맙게 생각하기에 이르렀다. 설거지를 하다가 하기 싫다는 생각이 들 때에는 바로 외치며 마음을 다잡는다.

"오~ 나의 쳇바퀴여, 있어줘서 감사합니다!"

우리 모두는 각자의 쳇바퀴를 굴리며 산다. 어른이 되어 돈을 버는 일, 결혼하여 아이를 키우는 일, 그저 먹고살기 위해 음식을 준비하고 치우는 일 같은 것을 오늘도 하고 내일도 해야 한다. 잠깐 내려와 쉬거나 멋진 곳으로 놀러 갈 수는 있어도 결국엔 다시 돌아와 두 다리를 열심히 놀려 바퀴를 굴려야 하는 것이다. 지겹고 지루한 게 당연하다. 소설가 김훈 님은 《밥벌이의 지겨움》이란 책에서 먹고사는 지겨움을 다음과 같이 말했다.

"전기밥통 속에서 밥이 익어가는 그 평화롭고 비린 향기에 나는 한평생 목이 메었다. 이 비애가 가족들을 한 울타리 안으로 불러 모으고 사람들을 거리로 내몰아 밥을 벌게 한다. 밥에는 대책이 없다. 한두 끼를 먹어서 되는 일이 아니라, 죽는 날까지 때가 되면 반드시 먹어야 한다. 이것이 밥이다. 이것이 진저리나는 밥이라는 것이다."

이 구절을 떠올리자 종이접기에서 밥 냄새가 나는 것 같았다. 죽을 때까지 먹고살아야 하는 사람의 인생, 살려고 하면 진저리나는 과정을 거쳐야 하리라. 그래야만 나의 오늘, 지금 이 순간을 제대로 누릴 수 있을 것이다. 좋은 곳에 놀러 가고 비싼 식당에서 칼질 하는 순간만이 오늘이 아니다. 대부분의 오늘은 쳇바퀴 속에 있다.

돈, 종이접기, 반쪽이의 상관관계

　제목을 이렇게 달아 놓으니 돈을 반으로 접어 종이접기 하듯 접는 방법을 알려주는 글처럼 보일지도 모르겠다. 핸드메이드 사이트에서 파는 제품 중에는 실제 그런 것도 있기는 하다. 미국인 중 일부 판매자들이 1달러짜리 지폐를 원피스와 남자 옷으로 접어서 액자에 넣어 파는 것을 보았다. 예쁘냐고? 내 생각엔 별로다. 초록색도 국방색도 아닌 어중간한 달러 지폐의 색깔이 마음에 안 든다. 게다가 돈은 네모로 반듯하게 접어서 소중히 보관해야지 그렇게 막 접으면 벌 받을 것 같은 기분이 들기 때문이다. 아, 삼천포로 빠지기 전에 이 글은 돈을 접는 방법을 알려주는 내용은 아니다. 그럼 뭐에 대한 거냐면 바로 돈 자체에 대한 것이다.

분명 궁금한 분이 있을 것이다. 종이를 접어가지고 먹고 살 만은 한지, 그저 취미활동 수준인지. 결론부터 밝히면 그때그때 달라도 밥벌이는 하는 편이다. 결혼 선물용 작품이 가장 많으니까 결혼하기 좋은 계절(영국, 미국은 7, 8월이 가장 인기 있다)이 오면 주문 수가 팍 뛰기도 한다.

시작하고 나서 몇 개월은 앞글에서도 밝혔다시피 '매출 0원'의 신화를 기록했다. 차츰 주문이 늘어 어떤 달은 반찬값 정도를 벌기도 했고 어떤 달은 예전 회사 다닐 때의 월급만큼 번 적도 있다. 최근에는 남편 월급보다 더 높은 수익을 올리기도 했다. 지난달은 전달 매출의 반 토막 수준이다. 이 책이 《종이접기로 월 천 벌기》같은 제목이었다면 바로 베스트셀러가 될 텐데, 아직 그런 책을 쓸 수 있는 경지에까지는 이르지 못했다. 그럼에도 돈 이야기를 꺼내는 것은 경력이 끊겼던 내 삶에서 다시 경제력을 갖는 일이 어떤 의미인지 나누고 싶어서다.

젊을 때는 남들에게 당당하게 외쳤다. "내 인생의 가치는 부의 축적에 있지 않아!" 그러면서 어깨에 꽤 힘을 주었던 것도 같다. 사람들아, 내가 이렇게 멋지단 말이다. 돈이나 밝히는 그런 속물이 되지 않겠단 말이다. 이런 것을 드러내는 선언이라 생각했으니까. 이 세상에 추구해야 할 게 얼마나 많은데 고작 돈 버는 데 열을 올리나. 웬걸, 결혼하여 애 낳고 살아 보니 '고작'은 고작이 아니었다.

당연히 삶에 돈이 전부는 아니다. 하지만 없는 것보다는 있는 게 낫다. 100만 원보다는 200만 원 가진 게 좋다. 돈이 있으면 시간도 살 수 있다. 로봇 청소기나 식기 세척기를 들여놓으면 가사 노동이 줄어든다. 그 시간에 다른 일을 할 수 있으니 살 수 있는 셈이다. 그렇다고 "내 인생의 가치는 부의 축적에 있어요"라고 외치려는 건 아니다. 돈이 한쪽으로만 쏠려 잘 사는 사람은 더욱 잘 살게 되고 못 사는 이는 나락으로 떨어지는 사회가 옳다고 생각하지 않는다. 부자가 되는 것 말고도 더불어 잘 사는 사회를 꿈꾸며 관심을 가져야 할 일이 너무 많다.

다만 솔직해지고 싶다. 지금보다 여유롭게 살면서 내 아이들에게 다양한 경험을 만들어주고 싶고, 집 살 때 얻은 10년 상환 모기지 대출도 그 전에 갚고 싶다. 그러기 위해 지금보다 더 많은 경제력이 있었으면 하는 마음이 나에게 도사리고 있음을 인정하려는 것이다.

여기서 금액보다 더 중요한 것이 있으니 내 손으로 직접 벌 수 있느냐 없느냐 하는 것이다. 경제활동에서 생산자가 되는 것. 한 명의 사회 구성원으로 당당히 낄 수 있는 것. 어느 집의 귀한 딸로 자라 고등교육을 받고 어엿한 어른이 되었으니 당연하다고 생각했던 돈 버는 일. 그러나 애가 둘 이상 되면 계속하기가 쉽지만은 않은 것. 한국을 떠나면 더욱더 길이 좁아지는 것.

회사를 그만두고 전업으로 주부를 할 때 집안일도 서툴고 육아도 힘들었지만 꼬박꼬박 들어오던 월급이 사라지자 딴 세상이 열려서 어리둥절했다. 그전까지는 가정에서의 나와 사회에서의 내가 앞서거니 뒤서거니 하면서 살아왔는데 한쪽이 잘려나가니까 반쪽이 된 기분이었다. 소속된 곳은 가정이요, 만나는 사람은 동네 엄마들이나 아이 친구네 엄마들로 바뀌었다.

　전래동화 속 반쪽이는 몸이 반절만 있어도 힘은 황소처럼 셌지만 현실의 나는 자존감마저 절반으로 줄어든 듯했다. 이 사회에서는 자존감도 경제 능력과 끈끈하게 연결되어 있었다는 것을 다시 벌고서야 깨달았다.

　종이접기 숍이 입점해 있는 핸드메이드 업체는 월요일마다 지난 1주일 간 벌어들인 매출을 정산하여 통장에 넣어준다. 월급쟁이에서 주급쟁이로 바뀌었고 여전히 액수가 들쭉날쭉하지만 직접 벌어 우리 집 가계에 힘을 보태고 있다는 사실에 신이 난다. 다시 온쪽이가 된 기분이다.

　요즘 책을 읽고 공부하면서 투잡을 넘어 'N잡러'가 되기 위해 노력하는 사람이 많아졌다. 인스타그램에 가면 각종 챌린지에 참여하거나 도전을 하면서 미래를 향해 삶을 가꾸어 나가는 모습을 흔하게 볼 수 있다. 유튜브에는 개인의 성공 스토리나 돈 버는 다양한 방법이 수두룩 빽빽하다.《트렌드 코리아 2022》라는 책에서는 오늘날의 그런 현상을 '머니러시'

라고 이름 붙이며 성장과 자기실현의 수단으로 돈벌이에 나선 사람이 늘었다고 설명하고 있다.

'100억 부자'니 '부자 마인드 따라 하기' 같은 표현을 쓰며 노력하는 이의 모습을 예전 같으면 새우 눈 뜨고 봤을 것 같다. 지금은 아니다. 욕망을 드러내는 것도 용기가 있어야 하니까. 그들이 용감해 보인다. 멀리서 보면 다들 돈만 추구하는 것처럼 보이지만 가까이 들여다보면 선한 영향력을 펼치며 함께 잘 살기를 원하는 이들도 많다.

특히 결혼이나 육아 등으로 사회활동을 접어야 했던 여성들이 다시 도전하며 크고 작은 시작을 해나가는 모습을 보는 게 나는 좋다. 보다 많은 사람들이 잃어버린 꿈을 되찾아 일어나면 좋겠다. 그 안에 관찰자가 아닌 참가자로 서고 싶다.

사랑스런 나의 협력 업자들

하청을 주었다. 종이접기 중 기본적인 것을 맡겼다. 셔츠, 재킷, 바지 접기나 강아지, 여우 접기 같은 것을 부탁했다. 하청 업자들은 접은 개수에 따라 품삯을 받아간다. 평균적으로 10개에 5파운드(7, 8천 원) 정도를 준다. 그들은 제법 잘 접는 편이지만 때로는 선과 선이 안 맞을 때가 있어 상업적 가치가 떨어지는 결과물을 내놓기도 한다.

내가 엥? 하고 황당하다는 표정을 지어도 메롱! 하며 어김없이 비용을 받아간다. 접을 게 없을 때도 일감을 달라 아우성치는 그들. 확 잘라 버리려 해도 웃음 한 방에 해고를 면하는 그들은 만 15세, 10세인 나의 두 딸들이다. 첫째 딸은 종이접기 관련 이미지를 만들어 핀터레스트라는 플랫폼에 광고를 올리기도 하며 둘째 딸은 배송용 상자를 접는다. 나는 일손을 덜고 애들은 용돈을 버니 진정한 윈윈(win-win) 관계가 되었다.

아이들은 내가 처음으로 종이를 접었을 때부터 관심을 보였다. 작업을 할 때마다 엄마가 뭘 접나 구경을 하거나 색종이를 얻어 따라 접기도 했다. 그것도 아니면 집에 있는 어린이 종이접기 책을 가져와 내 옆에 앉아 본격적으로 원하는 것을 만들 때도 있다. 접으면서 도란도란 수다를 떤다. 때로는 서로 잘못 접은 걸 흉보며 깔깔거리느라 숨이 꼴딱꼴딱 넘어간다. 그 시간이 너무 달콤하다. 잘 낚아챈 다음 기둥 같은 곳에 꽁꽁 동여매 놓고 싶을 정도다. 그럴 수 없으니 최선을 다해 현재를 만끽하고 기억해야 한다.

대부분의 어린이가 그렇겠지만 딸들은 종이접기를 좋아한다. 첫째 딸이 어렸을 때 리본 접기를 알려준 적이 있다. 어느 날 책상 서랍을 열었는데 갖가지 색종이로 50개도 넘게 접어 놓은 걸 발견했다. 둘째 딸은 셔츠 접기를 배우고 난 뒤 크기별로 20개를 만들었다. 종류를 다양하게 접어 스케치북에 하나의 작품으로 완성하면 좋을 것 같았다. 동물원을 주제로 잡아 동물을 접거나 카페에서 파는 커피, 케이크를 접어서 꾸미면 예쁠 거라 생각했다. 그건 엄마 욕심이었다. 아이들은 관심이 가는 것 한두 가지에만 몰두했다.

"왜 이것만 이렇게 많이 접었어?"

"재밌잖아!"

별 이유는 없다. 그냥 재미있으니까 접는 거란다. 재미가 있으면 시키지 않아도 했다. 그러다 보면 실력도 늘었다. 몇십 개의 리본과 셔츠를 한데 모아놔도 그중 어떤 것이 가장 최근에 접은 것인지 구분이 갈 정도였다. 그래 얘들아, 원하는 거 실컷 접으렴. 살다 보면 재미없는 일도 많이 해야 하는데 지금은 만들고 싶은 것만 접어도 괜찮아. 잘 정리만 해둔다면 너희가 똑같은 것을 100개를 접든 1,000개를 접든 말리지 않을게! 1,000개는 좀 심했나?

하고 싶은 일과 해야 할 일을 두고 갈등한 적이 많다. 원래의 계획은 해야 할 일을 후딱 해치우고 나서 하고 싶은 일을 한다는 것이었지만 언제나 충분한 시간이 남아 있질 않았다.

나이 드니 체력도 모자랐다. 하고 싶은 일을 먼저 해보기도 했다. 역시 시간은 모자랐고 해야 할 일은 정말 해야 했기에 그거 하느라 헉헉댔다.

삶은 균형을 찾아가는 일이었다. 하고 싶은 일과 해야 하는 일 사이의 균형, 재미있는 것과 재미없는 것 사이의 균형, 가정에서의 나와 사회에서의 나 사이의 균형 등등. 그래서 잘 찾았냐고? 설마. 여전히 어려워 휘청거린다. 그래도 계속 찾고 있다. 이렇게도 해보고 저렇게도 시도하며 양팔을 힘껏 벌리고 넘어지지 않으려 애쓰며 가장 나다운 위치를 찾으려 노력 중이다.

어느 날 저녁 느닷없이 둘째 딸이 물었다.
"엄마, 나 결혼할 때도 접어줄 거지?"
"우리 딸 누구랑 결혼할 건데?"
"그야 모르지. 근데 이 액자는 꼭 갖고 싶어서 미리 말하는 거야."
"당연하지. 엄마가 최고로 예쁘게 접어줄 거야."
초등학교 5학년 딸이 벌써부터 결혼식 액자를 챙긴다. 어느 나라 의상을 입고 결혼을 하려나 궁금하다. 영국에 살고 있으니 한국인이 아닌 사람과 결혼할 수도 있다. 이 마음이 커서도 변하지 않아야 할 텐데. 나중에 종이접기 대신 집을 해 달라거나 혼수를 몇 억 해달라고 하면……! 아니 뭐, 그렇다고 종이만 접어주고 퉁 칠 생각은 아니었다.

나의 사랑스러운 하청 업자들 이야기였다.

디지털 멘토에게
종이접기를 선물하다

　회사에 다닐 때 상사였던 부장에게 된통 깨진 적이 있다. 이유는 기억이 안 나지만 뭔가 잘못을 했겠지. 깨져서 짜증이 났냐고? 아니다. 성격 화통한 부장은 야단을 친 후 앞으론 어떻게 해야 하는지 하나하나 가르쳐 주었다. 그때 느낀 건 '서른 살도 넘은 나에게 고칠 점과 해결 방법을 알려줄 수 있는 누군가가 있어서 참 다행'이라는 것이었다. 그 분과는 지금도 페이스북으로 연결되어 소식을 주고받는다.

　어른이 된 후 어느 순간부터 나에게 길을 보여주는 사람이 사라졌다. 어릴 때는 부모가, 학창 시절엔 교사나 선배가, 직장에서는 사수나 상사(모든 사수나 상사가 그러는 것은 아닐지라도)

가 있었지만 이제는 나에게 갈 방향을 알려주거나 잘못된 길을 갔을 때 그쪽이 아니라고 진심을 담아 말해주는 사람은 거의 없다. 오히려 내가 알려줘야 할 위치가 되어 버렸다.

 이렇게 쓰고 나니 갑자기 남편 얼굴이 떠오른다. 내가 뭘 결정할 때마다 이런저런 충고나 조언을 해주는 그는 일상에서 실수를 할 때도 어찌나 잘 집어내는지. 그런데 왜 남편이 하는 말은 예쁘게 담을 수가 없을까! 그는 대개 옳은 말을 하는 편이다. 시간을 두고 곰곰이 생각해 보면 수긍이 가는 이야기가 대부분이다.
 하지만 말을 듣는 순간은 인정하고 받아들이는 게 쉽지 않을 때가 많다. 우선 기분이 나쁘니 이성적으로 생각할 겨를을 빼앗긴다. 그러니까 이걸 정리해보면 옛 시절 부장 같은 사람이 없는 게 아니라 오기와 주관으로 똘똘 뭉쳐 마음을 담은 충고에도 "반사!"라고 말하는 내가 있을 뿐이다.

 나이가 든다 해도 우리는 모두 불완전한 인격체라 몰라서 실수하고 때로는 알면서도 잘못한다. 선택의 기로에서 우왕

좌왕 갈팡질팡 한다. 그럴 때 나에게 밤바다의 등대 같은 멘토가 있으면 얼마나 좋을까? 뭐라 해도 기분 나빠지지 않고 "네!" 할 수 있는 멘토가 다 큰 우리에게도 필요한데 말이다. 그런 분들을 찾았다. 인터넷에서.

사업에 필요한 종이접기 기술도 유 선생에게 배웠지만 이제는 마음을 다잡거나 앞으로의 방향을 찾을 때도 함께 한다. 〈세바시 강연〉, 〈체인지 그라운드〉, 〈TED〉처럼 여러 명사들이 나와서 전하는 메시지는 가슴 깊이 새길만한 가르침이 한가득이다. 한창 마음이 너덜너덜해졌을 때 〈김미경 TV〉라는 유튜브 채널과 인연이 닿기도 했다. 김미경 님은 유명한 자기계발 강사다. 그저 말을 재미있게 하는 사람인 줄만 알았는데 디지털 세상에서 다시 만난 그녀의 말은 하나하나가 뼛속 깊이 박혔다. 인생이 생각대로 흘러가지 않는 모든 이유가 나 자신에게 있음을, 힘들 땐 공부해야 한다는 걸 가르쳐 주었다. 디지털 멘토, 정말 시대에 걸맞지 않은가. 조언을 듣고 기분 상할 일이 없어서 더욱 좋다.

멘토를 만나는 일보다 더욱 중요한 게 있다. 그들이 알려주는 내용, 보여주는 길, 조언, 충고 등을 백날 보고 읽어봤자 내 삶에 적용하지 않으면 소용이 없다는 사실이다. 배운 것을 실천해야 한다. 보고도 듣고도 행동하지 않으면 머릿속 껍데기 지식으로 남을 뿐이다. 오히려 역효과가 날 수도 있다. 안다고 아는 척은 하고 싶겠지. 나도 실천하지 못하면서 남들 이야기 듣다가 어설픈 충고는 하고 싶겠지. 꼰대의 기본 자격이 이렇게 갖추어지는 건지도 모르겠다

故 신영복 님은 책《감옥으로부터의 사색》에서 "사람은 실천 활동을 통하여 외계의 사물과 접촉함으로써 인식을 가지게 되는데 이를 다시 실천에 적용하는 과정에서 그 진리성이 검증된다"고 했다. 실천 없이 내용만 받아들이는 것은 "인식 → 인식 → 인식"의 과정을 되풀이하면서 현실의 땅을 잃고 공중으로 관념화해 간다고. 배운 것들이 현실의 땅에 제대로 뿌리를 내리게 하려면 행동으로 옮기는 수밖에 없다.

여러 디지털 멘토 덕분에 마케팅 공부를 시작했다. 종이접기 작품을 더 잘 팔아 보려고 소셜 미디어 플랫폼도 파헤쳤다. 새로운 정보를 받아들이는 데 시간은 걸렸지만 결국 공부

하기 전보다 많은 것을 알게 되었다. 그것은 종이접기 매출에도 좋은 영향을 미쳤다. 지금은 김미경 님이 운영하는 교육 플랫폼에서 글쓰기 수업을 비롯한 여러 강의를 듣는다.

몇 달 전 같은 플랫폼에서 공부하던 친구들이 김미경 님에게 종이접기 선물을 드리자고 제안했다. 내가 종이를 접어 만들면 그들이 영국에서 한국까지 보내는 배송료를 부담하기로 했다. 직접 뵌 적은 없지만 컴퓨터 화면 안에서는 자주 만난 분에게 선물을 하는 것은 새로운 경험이었다. 액자 안에 넣기 위해 대학생용 '과 잠바'를 접었다. 티셔츠와 가방, 모자도 만들었다. 모두 해당 플랫폼에서 나오는 제품들이다.

작은 종잇조각으로 진심을 전한다는 건 무엇일까. 원가로 따지면 얼마 하지도 않을 종이에 의미를 담는다는 건 또 어떤 뜻일까. 전 세계 고객들은 왜 나의 종이접기를 선택할까. 내 손으로 접은 것을 처음으로 나의 디지털 멘토에게 선물하며 종이접기가 무언지 근본적인 물음을 내던진다.

다시 한번 어릴 적 종이학 알을 접던 순간을 떠올린다. 짝사랑 고백에는 실패했지만 만들면서 흥분되고 즐거웠던 기억을, 상대를 향했던 나의 애틋함을 눈으로 보여줄 수 없기에 학 알로 표현했던 과정을 떠올린다. 이렇게 몇십 년이 지나도 남아 있을 추억을 만들었음에 감사한다. 고객들이 주문한 작품을 완성하기 전에 확인하는 과정을 주는 것은 경험과 기대를 선물하는 것이라는 것도 깨닫는다.

한국으로 날아간 액자는 친구들이 직접 들고 가 전달해 드렸다. 감사하는 마음이 제대로 가 닿았기를 그 어떤 때보다 간절하게 바랐다.

낮게 낮게 날아라
우리 비행기

　나도 어릴 때는 종이비행기 꽤나 접어 날리는 아이였다. 문제라면 하늘로 슈웅~ 하고 멋지게 날아간 적이 거의 없었다는 것이다. 같은 종이를 가지고 같은 방식으로 접어도 친구들 것은 잘 날아가는데 내 것은 조금 가다가 이내 땅으로 고꾸라져 처박히기 일쑤였다.

　다 큰 어느 날 종이비행기 경연대회 영상을 보았다. 초등학생부터 중고등학생, 일반인들이 각자 접은 종이비행기를 날려 가장 멀리 날아가는 사람이 우승을 하는 대회였다. 비행기를 접는 방법이 그렇게 다양한 줄은 그때 처음 알았다. 우승한 사람은 40m도 넘겼다. 하늘을 향해 힘차게 솟구치는 종이

비행기를 보자 마음이 뻥 뚫리는 것 같은 쾌감이 들었다.

　전문가들이 말하기를 종이로 비행기를 접는 것은 비행기 공학의 원리와 같다고 한다. 또한 잘 날리기 위해서는 어깨의 힘을 키우는 것도 필요하다고 했다. 접는 실력과 던지기 실력이 잘 맞아떨어져야 하는 것이다. 누구는 가벼운 놀이로 생각하는 종이비행기 날리기를 어떤 이들은 진심을 다해 연구하고 개발하고 연습을 한다는 사실이 새삼 놀라웠다.

　약 2년 전쯤이었다. 종이접기 사업이 잘 된다고도, 그렇다고 잘 안 된다고도 말할 수 없을 무렵 '디지털 노마드'라는 단어를 알게 되었다. 그것은 노트북이나 스마트 폰 같은 디지털 기기가 있으면 사무실을 벗어나 언제 어디서든 일할 수 있는 삶을 뜻한다. '수동 소득'이니 '수익의 파이프라인'이니 하는 말도 들었다. 디지털 파일, 전자책, 노래 음원 같은 것을 한 번 등록해 놓으면 자면서도 돈이 벌린다는 환상의 세계였다. 그렇게 살면 정말 근사할 것 같았다.

　귀도 얇고 마음이 갈대인 나는 이번엔 그쪽을 향해 가기 시작했다. 액세서리나 마크라메는 종이접기와 같은 숍에 올렸다가 망했으니 이번에는 아예 새로운 곳에 둥지를 틀어야겠다고 결심했다. 일러스트레이터와 포토샵을 이용해 데코레이션용 디지털 파일을 만들었다. 이미지 소스도 구입했다. 이미 디지털 판매를 하고 있는 이들의 조언을 들어보니 고객이 찾아오지 않아도 꾸준히 제품을 올려야 한다고 했다.

숍을 연 지 일주일 만에 파일이 하나 팔렸다. 종이접기는 주문이 들어오면 그때부터 바빠지는데, 파일 판매는 팔린 뒤 할 일이 없었다. 금방 뭐가 될 것 같은 느낌이 들었다. 그런데 10개 정도를 만들고 올린 뒤부터 작업 속도가 나지 않았다. 더 이상 새로운 디자인을 만들기가 꺼려졌다. 왜지? 종이접기는 몇 달 동안 안 팔려도 꾸준히 신제품을 만들었는데. 디지털 숍은 개점휴업 상태가 되었다.

그렇게 몇 달이 지나고 나서야 깨달았다. 내가 가려고 했던 건 지름길이었음을. 빨리, 편하게 가고 싶었다. 디지털 노마드나 수동 소득을 마치 '불로소득'처럼 인식했던 것이다. 노력하지 않아도 저절로 돈을 버는 구조쯤으로 생각했다. 막상 해보니 그것은 여느 것과 마찬가지로 시간과 힘을 들여야 하는 일이었는데 결정적으로 나의 흥미를 당기는 분야가 아니었다. 성공한 사람들의 이야기는 대개 결과가 빛나기 때문에 그들이 보냈을 힘겨운 과정은 뒷전으로 밀리지만 진짜 중요한 이야기는 그 속에 있었다. 그걸 보지 못하고 남들 다 하니까 따라간 결과였다. 디지털 숍은 계속 방치 중이다.

이제 종이접기 사업 4년 차로 접어들었다. 나름의 노하우가 생기고 좋은 리뷰를 받으며 즐겁게 하고 있지만 그 뒷면에는 이와 같은 엉뚱한 도전도 숨어 있다. 후회하지는 않는다. 시도를 안 했다면 가보지 않은 길을 향한 환상을 어마어마하게 키워놓고 괴로워하고 있을지도 모르기 때문이다. 나의 길이 아니라는 걸 빨리 깨우쳐 다행이다.

인생이라는 무대를 향해 날리는 나의 종이비행기는 여전히 멀리 가지도, 높이 날지도 못한다. 지금은 그게 더 좋지 않을까 생각한다. 한 번 날렸을 때 너무 멋지게 날면 금세 콧대가 높아질 것 같다. 쉽게 자만해질 것 같다. 배울 게 더 많은데 그런 자세는 독이 될 게 분명하다. 꿈을 꾸는 게 좋다. 언젠가는 내 비행기도 멋지게 포물선을 그리며 너울너울 춤추듯 날

것이라는 희망을 갖는 시간을 사랑한다. 그 속에 담긴 가능성이 나를 향해 윙크하고 있으니까. 앞으로 더 많은 시간을 실패하고 좌절할 수도 있지만 지금은 그렇게 시도할 미래의 나를 열렬히 응원할 시간이다.

떴다 떴다 비행기 날아라 날아라
낮게 낮게 날아라 우리 비행기
떨어지면 또 날아라 우리 비행기

종이로 세상을 널리 이롭게 하리

 단어를 입력하면 소설 한 편도 써준다는 AI(인공지능) 이야기를 들었다. 점원이 없어도 기계가 알아서 계산하는 무인 상점도 있다고 한다. 지금보다 사는 게 더 편리해지려나. 그런 것 같기도 하고 아닌 것 같기도 하고. 신기한데 겁도 난다. 되게 인간미 없이 느껴진다. 우리는 적응의 동물이니 그런 세상이 일상으로 변하면 금방 적응할 것이다. 이 시점에서 질문 하나가 공중에 떠오른다.

 "나는 언제까지 종이접기를 팔 수 있을까?"

 사람들이 새 세상을 두려워하는 이유 중 하나는 기계가 우리의 밥그릇을 빼앗을 거라는 불안감 때문이다. 지금 존재하는 여러 직업들이 몇십 년 후에는 사라지거나 줄어들 거라고들 한다. 그 안에는 의사, 판사 같은 인기 직업도 있다. 종이접기 수공예 작가의 삶은 어찌 될지 궁금하다. 만약 웨딩 사진을 스캔하면 종이로 무늬까지 똑같이 인쇄하여 접어주는 기계가 발명되면 그때에도 사람들은 나에게 주문을 할까? 그런 인공지능을 개발한다는 것이 수지타산이 맞는 일일까?

  로봇이 글도 쓰는데 접는 것쯤은 식은 죽 먹기가 될지 모르겠다. 하지만 그렇게 된다 해도 손으로 직접 접은 종이접기를 원하는 이들은 있지 않을까 하는 희망을 품는다. 구김 하나 없이 실물을 그대로 축소해 놓은 종이 작품보다는 만든 이의 관점과 해석이 들어간 그야말로 인간미 넘치는 작품을 원하는 이가 분명 있을 것이라 생각한다. 종이접기라는 게 디지털 감성보다는 아날로그 감성을 듬뿍 담는 게 더 어울리니 말이다. 물론 아닐 수도 있다. 질문이 잘못되었다. 미래 말고 현재를 물어야 했다.

"나는 지금 종이를 접어 행복한가?"

응, 행복해. 진짜 재밌어. 그거면 됐다. 더 이상의 질문은 안 해도 된다. 종이접기 기계가 나오면 그때 업종 변경을 하든, 기계를 하나 장만하여 조수로 삼든 계획을 세우면 된다. 앞으로 어떤 세상이 펼쳐질지는 당신과 같이 구경하면 될 일이다. 그러니까 일단 지금은, 종이를 계속 접어보겠다. 행복의 순간을 종이로 접어 세상을 널리 이롭게 하겠다는 야심 찬 포부를 향해 한동안은 킵 고잉이다.

'여우 종이접기'를 한번 따라 해보세요!

귀여운 여우 한 쌍을 접어 다이어리나 수첩을 꾸며 보세요.
(준비물: 15cm×15cm 색종이 한 장)

1

원하는 색이 겉으로 나오게 대각선 방향으로 반을 접어줍니다.

2

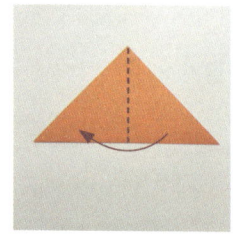

점선을 따라 다시 반으로 접습니다.

3

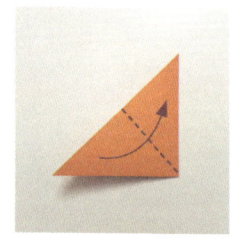

아래쪽 모서리를 들어 오른쪽 모서리에 맞춰 올려 접습니다.

4

반대쪽도 똑같이 접습니다.

5

점선을 따라 두 장만 오른쪽으로 접습니다.

6

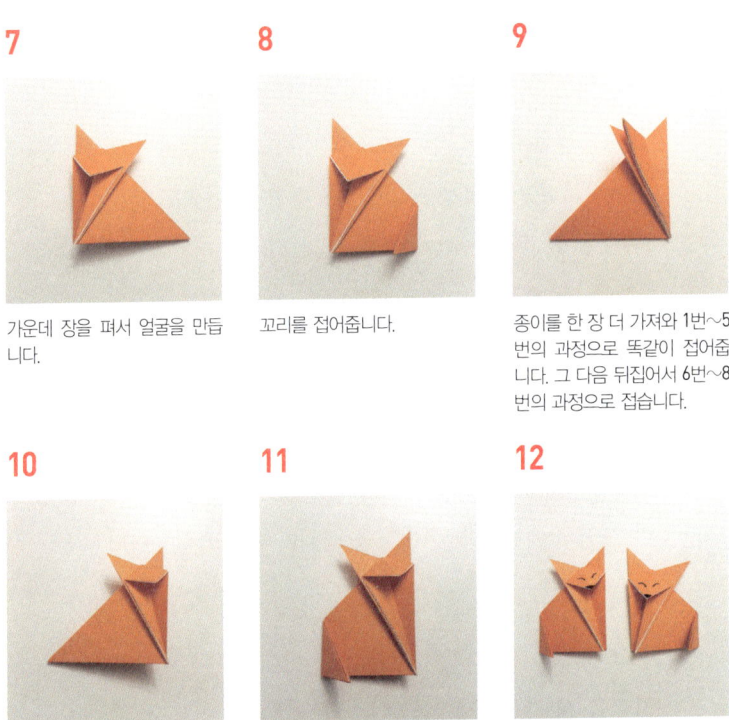

7 가운데 장을 펴서 얼굴을 만듭니다.

8 꼬리를 접어줍니다.

9 종이를 한 장 더 가져와 1번~5번의 과정으로 똑같이 접어줍니다. 그 다음 뒤집어서 6번~8번의 과정으로 접습니다.

12 여우 한 쌍의 얼굴에 눈과 코를 그려주면 완성입니다.

* 종이가 접힌 사이마다 풀칠을 해서 붙여주면 꾸밀 때 사용하기가 쉽답니다.

나오며

내 인생 내 맘대로 살아 보겠습니다

종이 접는 엄마가 종이책을 냈습니다.
영국 스코틀랜드라는 지리적 특수성을 병풍처럼 펼친 채
종이접기라는 새로운 사업을 시작하며 벌어졌던 일,
그 와중에 느끼고 깨달은 걸 썼습니다.
멋지게 잘해나가는 것만 보여드리고 싶었는데
지난 세월 속 경험이 그것만 허락하지는 않더라고요.
열정은 넘치지만 용기와 줏대가 부족하고
때때로 덤벙대다가 실수를 저지른 뒤 수습하는
한 개인의 좌충우돌 경험담을 솔직하게 고백했습니다.

독자를 향해 말하는 것 같은데
사실은 제 자신에게 하는 다짐이기도 합니다.
여기까지 오신 분들은 이미 아실 테지요.
저는 심지가 대나무 같은 사람이 아니라서

앞으로도 자주 흔들릴 거거든요.

그때 제가 쓴 글을 보며 단단해지려고 합니다.

저처럼 흔들릴 분들에게

이 글이 조그마한 힘이 되었으면 좋겠습니다.

한 번뿐인 나의 인생 재미있게 살고 싶습니다.

나답지 않게 그리고 나답게.

당신도 재미있게 살았으면 좋겠습니다.

당신답지 않게 그리고 당신답게.

종이접기를 하듯 마음껏

접고 펴고 오리고 붙이면서 살아 보겠습니다.

2022년 봄 안송이

추천사

인생의 위대함은, 늘 척박하기 마련인 삶에서 스스로 우물을 파 자아의 샘을 얻는 과정에 있다. 이 책에는 종이접기라는 아기자기한 매개체로 자신만의 위대함을 찾아낸 여성의 이야기가 담겨 있다. 낯선 나라에서 경력단절 주부가 되었던 저자가 전 세계에서 작품 주문을 받는 종이접기 아티스트로 거듭나는 과정이 흥미롭다. 막막함 속에서 길을 찾는 사람이라면 누구나 그의 이야기를 통해 자신만의 답을 찾을 실마리를 얻을 수 있을 것이다.

남인숙 소설가, 에세이스트, 《사실, 내성적인 사람입니다》 저자 안송이를 처음 만났을 때가 2008년 봄이었을 거예요. 크고 동그란 눈, 동그란 안경테, 짧은 단발머리가 지금까지 또렷하게 각인되어 있죠. 책 속에 등장하는 안송이를 혼냈다는 선배는 제가 분명해요. 그 당시의 저는 참을성이 없는 다혈질에, 일밖에 모르던 선배였으니까요.

안송이가 어떤 일에 대한 자신의 느낌, 그 일이 이렇게 될 수밖에 없는 이유와 과정을 차분차분 설명하는 것을 제가 참지 못했어요. 과정에서 벌어지는 오해 때문에 우리는 '결론부터 말하기'를 하나의 룰로 정했지요. 하지만 안송이가 먼 타국으로 이주하면서 저는 그가 내게 풀어놓았던 '과정'들이 고팠어요. 세상은 빨라지고 자기 용건만 해결하면 그것으로 '쫑'인 세상이 참 매정하고 허탈했어요.

십 수 년이 흐른 후 제가 지금 만들고 있는 잡지의 여행 기사를 누구에게 맡길까 하다, 곧바로 안송이를 떠올렸죠. 그녀가 살아온 이야기, 그 과정이 무척 궁금했거든요. 6쪽짜리 여행 기사에 그간의 모든 과정을 담을 수 없었지만, 이 책을 미리 접할 수 있는 영광을 얻었어요. '그렇게 글도 잘 쓰고, 말도 잘하고, 노래도 잘하던 송이가 종이접기라고?!'

역시 안송이는 내가 알던 안송이였어요. 책을 보기 전에는 'HOW TO 종이접기'인 줄 알았지만, 한 페이지 한 페이지 넘길수록 그녀가 어떻게 스코틀랜드에 오게 되었는지, 왜 이 일을 하게 되었으며, 여기서 자신이 얼마나 자랐는지 그리고 하나의 작품이 완성되기까지 어떤 에피소드가 있었는지 차분차분 이야기를 들려주고 있더라고요.

이 책은 내가 안송이의 이야기, 글을 좋아할 수밖에 없는 하나의 증명과도 같아요. 책을 읽다 보면 어느새 미소가 지어지고 마음이 몽글몽글 해져서, 누구라도 안송이를 응원할 수밖에 없게 되니까요. 단박에 친구가 되어 몇 년 후 한국의 어느 카페에서 마주치게 되면 손 맞잡고 까르르 웃게 될 테니까요.

남정희 〈리더피아〉 매거진 편집장, 《우리 아이 초등 교육 대백과》 저자,
안송이의 오랜 친구